UNÇÃO

VIVENDO NO SOBRENATURAL DE DEUS

ROOSEVELT SOUZA

UNÇÃO

VIVENDO NO SOBRENATURAL DE DEUS

SÃO PAULO, 2023

Unção – vvendo no sobrenatural de Deus
Copyright © 2023 by Roosevelt Souza
Copyright © 2023 by Editora Ágape Ltda.

Editor: Luiz Vasconcelos
Gerente editorial: Letícia Teófilo
Assistente editorial: Érica Borges Correa
Preparação de texto: Diego Franco Gonçales
Revisão: Bruna Tinti
Projeto gráfico e diagramação: Nine Editorial
Capa: Kelson Spalato

Texto de acordo com as normas do Novo Acordo Ortográfico da Língua Portuguesa (1990), em vigor desde 1 de janeiro de 2009.

Dados Internacionais de Catalogação na Publicação (CIP)

Souza, Roosevelt
 Unção: vivendo no sobrenatural de Deus / Roosevelt Souza. -- Barueri, SP: Novo Século Editora, 2023.
 144 p.
 ISBN 978-65-5724-075-5

1. Deus 2. Fé I. Título

23-2258 CDD 211

Índice para catálogo sistemático:
1. Deus

EDITORA ÁGAPE LTDA.
Alameda Araguaia, 2190 – Bloco A – 11º andar – Conjunto 1112
CEP 06455-000 – Alphaville Industrial, Barueri – SP – Brasil
Tel.: (11) 3699-7107 | Fax: (11) 3699-7323
www.editoraagape.com.br | atendimento@agape.com.br

Todas as citações bíblicas foram extraídas da *Bíblia Sagrada* – Nova Versão Internacional.

Prefácio

Esta obra nos impulsiona a receber inspirações do alto que nos guiarão a andar debaixo da unção de Deus. Com toda certeza, ao ler este livro, você receberá ferramentas poderosas de modo que transbordará o poder de Deus em sua vida, e você honrará a Ele!

Pastor Flávio Baroli

Agradecimentos

Em especial, nesta obra, agradecer ao Deus Altíssimo é uma essencialidade indispensável, pois sem Ele nada somos e nada podemos. Tenho total certeza em meu espírito de que, quando conectamos a palavra de Deus às pessoas, estamos nos relacionando em espírito e em verdade, e isso refrigera nosso ser por estarmos introduzidos no centro do desígnio de Deus: sermos o espelho de sua existência.

Introdução

Após ter escrito o primeiro livro, em que me dediquei a expor o impacto que é gerado em nosso interior quando a unção de Deus é ativada em nós, conforme revelado em 1 João 2:27, senti uma motivação em meu espírito para dar continuidade a esta obra. Na presente oportunidade, compartilho as realidades que nos impulsionam ao conhecimento dos valores da vida que integram nosso ser com a plenitude de Deus. A contemplação dos desígnios do nosso Senhor, conforme estabelecido desde o princípio da vida, resultará na total eficiência das maravilhosas ações de Deus em cada um, conforme o que o Criador predestinou.

Com a plena paz em meu espírito, e sem intenção alguma de expor interpretações pessoais com o intuito de se julgar ser dono da verdade, me atentei, após cada comentário, a apresentar referências bíblicas que justificam minhas exposições.

É certo que Deus deseja o Espírito Santo fluindo livremente na vida do homem. Tenha uma ótima leitura e que Deus te abençoe com poder e graça.

Sumário

CAPÍTULO 1	O chamado	15
CAPÍTULO 2	Em busca da recompensa	30
CAPÍTULO 3	O Sábio e o temor	39
CAPÍTULO 4	Embates emocionais	50
CAPÍTULO 5	O homem no centro do Universo	64
CAPÍTULO 6	Quem sou eu?	72
CAPÍTULO 7	O Senhor das almas	91
CAPÍTULO 8	Olhos de águia	107
CAPÍTULO 9	Vigilantes do templo	120
CAPÍTULO 10	O Mestre e a obra	129
Epílogo		140

CAPÍTULO 1

O chamado

O Deus de toda a graça, que os chamou para a sua glória eterna em Cristo Jesus, depois de terem sofrido durante um pouco de tempo, os restaurará, os confirmará, lhes dará forças e os porá sobre firmes alicerces.
1 Pedro 5:10

Que com a alegria do Deus Altíssimo e com todos os seus atributos valorosos você possa, a partir daqui, ser envolvido pelas maravilhosas riquezas celestiais, e que sejam revelados os grandes valores de Deus que cercam sua vida, tanto na esfera natural como na sobrenatural. Sem dúvida, você se encherá de alegria e paz ao ser convencido, por meio das revelações bíblicas, de quem você realmente é.

Inicialmente, avaliamos alguns fundamentos que, de modo geral, consideramos normais nas atribuições de valores que determinam quem somos: o merecimento e o reconhecimento, esses estão entre os principais fatores que mais valorizamos em nossa vida.

Certamente nos sentimos bem quando somos reconhecidos pelos bons atos praticados. Já quando falamos dos benefícios provindos de Deus, nos enchemos de alegria e esperança, pois temos plena convicção de que daí, sim, as benevolências são incomparáveis diante de tudo que é humano e passageiro.

As bênçãos de Deus nos trazem uma paz que é bem diferente daquela que sentimos quando conquistamos coisas naturais. As dádivas celestiais destinam-se até mesmo àqueles que acham que nem sempre Deus os ouve. Certamente, a infalibilidade da *Bíblia* diz que Deus dá conforme os intentos de seu coração. Acima de tudo, de acordo com a Sua vontade, Deus nos elegeu para vivermos no sobrenatural. Desse modo, só desfrutaremos essa maravilha se estivermos em conexão com o Altíssimo.

> *Todas essas coisas, porém, são realizadas pelo mesmo e único Espírito, e ele as distribui individualmente, a cada um, conforme quer.*
> I Coríntios 12:11

    Deus distribui Suas bênçãos individualmente conforme Seu querer. Conforme revelado na *Bíblia*, não há necessidade de justificarmos para receber as bênçãos celestiais. Inclusive, recebemos gratuitamente o maior presente que alguém poderia receber: a vida eterna.

    Capacidade individual jamais poderá justificar o direito de receber as dádivas de Deus. E, também, caso alguém ache que não merece ser abençoado por Deus, é porque não O conhece integralmente.

> *Filhinhos, não amemos de palavra nem de boca, mas em ação e em verdade. Assim saberemos que somos da verdade; e tranquilizaremos o nosso coração diante dele quando o nosso coração nos condenar. Porque Deus é maior do que o nosso coração e sabe todas as coisas.*
>
> I João 3:18-20

Compreendemos que, quando renunciamos a nossos conceitos pessoais, Deus nos justifica. Além disso, somos beneficiados com tudo de que necessitamos, pois está no coração de Deus nos presentear com a plenitude de Sua alegria.

A *Bíblia* nos ensina sobre sensibilidade no espírito, a qual obtemos quando desenvolvemos um nível de conhecimento que nos leva a nos relacionar com Deus. Quando recebemos a unção do Espírito, seus efeitos são motivadores, e à medida que somos usados, é gerado em nós o desejo de ir mais além. O fluir de Deus em nós nos impulsiona para novas experiências com poder e revelações.

Você foi chamado para o banquete

> *Então disse a seus servos: "O banquete de casamento está pronto, mas os meus convidados não eram dignos. Vão às esquinas e convidem para o banquete todos os que vocês encontrarem". Então os servos saíram para as ruas e reuniram todas as pessoas que puderam encontrar, gente boa e gente má, e a sala do banquete de casamento ficou cheia de convidados.*
>
> Mateus 22:8-10

Exatamente isso, não falte à festa! O banquete é para você! Nos versículos citados, vemos a parábola contada por Jesus sobre o Reino dos Céus.

Nessa parábola, é usada como exemplo uma festa de casamento para a qual o rei convidou várias pessoas. Porém, elas não compareceram, pois estavam ocupadas com suas próprias atividades. Mas a festa tinha de acontecer, então o rei ordenou que seus servos fossem às ruas e reunissem o maior número possível de pessoas, gente boa e gente má, e finalmente a sala de banquete ficou cheia de convidados.

Atente que a ordem foi para convidar pessoas que aceitassem comparecer à festa, não havendo a orientação para selecionar quem era digno do evento. E, por fim, entraram pessoas consideradas más e pessoas consideradas boas.

Imaginemos que, prudentemente, todos que entraram à festa foram servidos igualmente, comeram e beberam deliberadamente, sem nenhuma acepção. Essa profecia mostra que a volta de Jesus será como uma celebração de casamento a que fomos convidados, e, assim, geramos uma expectativa para essa grande festa. Se você tem convicção de que foi chamado, entrará e usufruirá de tudo que está à mesa. Agindo assim, aquele que te convidou será honrado.

Certamente, os convidados da festa que aceitaram o convite não se arrependeram, e todos foram honrados pelo rei. Por duas vezes, o rei enviou seus servos para chamar os que tinham sido convidados, porém eles se recusaram ir ao banquete, priorizando seus assuntos particulares. Já os que aceitaram deixaram de imediato o que estavam fazendo para estar na presença do rei.

Se você acha que não é digno de estar entre os convidados, não se julgue. Qualquer pessoa, estando na presença do rei, é justificada e tomará seu lugar livremente, sem qualquer acusação.

É bem possível que o contexto a respeito das pessoas más não diga muito sobre seu estado de maledicência, mas, sim, sobre a limitação do homem. Analisemos o versículo a seguir:

> *Se vocês, apesar de serem maus, sabem dar boas coisas aos seus filhos, quanto mais o Pai de vocês, que está nos céus, dará coisas boas aos que lhe pedirem!*
>
> Mateus 7:11

Mais uma vez, Jesus faz referência às pessoas más, porém agora não em parábolas. Observe que as referidas pessoas somos nós. Contudo, o Senhor sempre suprirá nossas necessidades.

A justificação

Recordaremos a cena dos dois criminosos que foram crucificados ao lado de Cristo (Lucas 23:32). Um deles (mesmo sendo condenado à morte pelos atos praticados) reconheceu que Jesus era o Salvador Filho de Deus. Então, sabendo que tal reconhecimento seria suficiente para ser salvo, ele o aceitou e foi justificado por Cristo e salvo.

Nunca é tarde! As oportunidades, quando aparecem, devem ser aproveitadas. Não encontramos referências bíblicas que indiquem Deus desistindo de alguém. Então, ter sensibilidade no espírito e ouvir Deus são uma questão de necessidade.

Continuemos anunciando as boas-novas

Quando observamos acontecimentos trágicos no mundo, imaginamos que o fim dos tempos está muito, mas muito próximo! A divulgação do Evangelho da salvação nunca foi tão importante como nos dias de hoje. Em qualquer transtorno que cerca nossas vidas, basta olharmos para Deus, em quem encontraremos resposta e paz.

Cabe, então, uma alta reflexão pessoal para que alguns conceitos sejam avaliados. Em um mundo em que todos aprendem de tudo e as fontes de informações estão ao nosso alcance, observamos as pessoas não tendo motivações para sair de casa. Frequentar uma instituição de ensino pode ter perdido o valor, ir às igrejas tem sido cada vez mais secundário, as reuniões sociais se tornaram reles reuniões em que as pessoas não se tocam. A liberdade de expressão via mídia social tem impulsionado as críticas, o julgamento e a formação de conceitos próprios. Em face disso, faz-se necessária a urgente divulgação do Evangelho, para que todos saibam que Deus está acima de tudo.

A palavra de Deus é eterna e imutável e, ao ser anunciada, produz o impacto necessário e convincente para transformar vidas.

> *Pois a palavra de Deus é viva e eficaz, e mais afiada que qualquer espada de dois gumes; ela penetra até o ponto de dividir alma e espírito, juntas e medulas, e julga os pensamentos e as intenções do coração.*
>
> Hebreus 4:12

Vemos no versículo citado o potencial de Deus sobre nossa vida. A palavra de Deus chega até as pessoas por diversos meios de comunicação. Quando alguém abre a boca para anunciar o Evangelho, palavras impactantes são lançadas e convencem o mundo sobre as maravilhas do Evangelho da salvação.

Precisamos urgentemente ter experiências com Deus para divulgarmos o Evangelho ao mundo. No mais, o próprio poder da palavra se encarrega das ações reveladas. Desde o princípio, a *Bíblia* é verdadeira, inquestionável e inerrante entre tudo que já tenha sido revelado. É tempo de os filhos de Deus usá-la para alertar o mundo da iminência dos acontecimentos finais.

A divulgação do Evangelho é semelhante a um ótimo produto que é ofertado: não há necessidade de o vendedor persuadir o comprador para aceitá-lo, pois o produto, sendo tão bom, vende-se por si próprio.

É evidente que a entonação nos discursos bíblicos depende fundamentalmente de nossa autoridade espiritual. Faz-se necessário, também, compreender que é Deus agindo por meio de nós. Somente o Senhor tem poder para levar as pessoas a darem crédito à nossa pregação. Nos bons frutos obtidos em nossas mensagens, que Deus seja glorificado.

Valores inegociáveis

Se o assunto é favor imerecido, dispensamos os valores pessoais que alguém possa construir ao longo da vida, pois, na ótica de Deus, o que o homem constrói com suas forças, para Ele, não tem valor. Basta olharmos para a monumental Torre de Babel, uma arrojada construção que impactou Deus mesmo sem os recursos tecnológicos atuais. Porém, quem a construiu? O homem! Quem a derrubou? Deus!

Se a fonte de nossa vida está em Deus, que valor tem o que construímos para nosso deleite? Quanto aos valores de Deus em nossa vida, esses, sim, são preciosos, pois são todos direcionados para os propósitos de Deus em nosso próprio benefício.

A infalibilidade de Deus

Evidentemente que nosso Deus é perfeito! Tudo que Ele criou e faz tem fundamento e propósito, como já estabelecido desde o princípio. Então, não fique ansioso(a) com coisa alguma, não anseie em construir para agradar a Deus. Tenha sensibilidade para saber o que Deus quer construir por intermédio de sua vida.

> *Sempre que forem presos e levados a julgamento, não fiquem preocupados com o que vão dizer. Digam tão somente o que lhes for dado naquela hora, pois não serão vocês que estarão falando, mas o Espírito Santo.*
>
> Marcos 13:11

Conforme esse versículo, não há necessidade em defender a palavra. Os discípulos estavam em julgamento por uma causa que não era deles, pois estavam a serviço do Reino. Eles não estavam defendendo causas próprias, mas as de Deus, então, Ele toma a frente, como se dissesse: "Isto é comigo, não se preocupe! Eu responderei aos questionamentos mediante a vida de vocês".

Quanto à afirmação de que eles não deveriam se preocupar, é porque teriam a palavra certa para a hora certa. Plenamente, no padrão de Deus. É fato, Deus sempre age na hora necessária, e nunca ficaremos desamparados. O Espírito Santo em todo o tempo age em nossa defesa, e nisso temos paz, pois a onipresença de Deus estará sempre garantida a nosso favor.

Por receber gratuitamente as benevolências celestiais, temos o grande privilégio de viver servindo a Deus.

Ser um agente celestial realmente não tem preço. É algo que adquirimos porque Deus assim decidiu.

Animemo-nos em nosso espírito quando estamos conectados ao Espírito de Deus para o cumprimento de Seus propósitos, pois desde o princípio, na execução de Seu plano universal, pessoas têm sido usadas, e sendo nós participantes dessa elite de servos, nos alegramos, pois servir a Deus é o maior favor imerecido que possamos imaginar.

A reconexão

Conforme a *Bíblia*, após a queda do homem no Éden, ele se desconectou de Deus. Por esse motivo, passou a conviver com o pecado e conheceu suas incapacidades, que lhe foram reveladas.

Avançamos na história e chegamos ao ponto de reconexão com Deus por meio de Cristo. Porém, dessa vez, nossa incapacidade ainda subsiste, nossas limitações continuam sendo recorrentes, nosso corpo mortal é frágil, e nossa alma é inconstante. Contudo, é certo que, em todas as nossas limitações, somos supridos em Cristo Jesus.

Observe a clássica demonstração de reconhecimento de Paulo diante dessa realidade da vida.

> *Os que pertencem a Cristo Jesus crucificaram a carne, com as suas paixões e os seus desejos.*
>
> Gálatas 5:24

A cronologia dos fatos é de fácil compreensão. Primeiro: a crucificação aponta para a morte do velho homem, e isso se dá com reconhecimento e arrependimento. Segundo: os valores e atributos pessoais não valem como justificação. E, por fim: estando convictos de que o próprio Cristo atua em nossa vida, todas as nossas ações, desejos e intenções estarão nele.

O mar sempre estará para peixe

"Filhos, vocês têm algo para comer?" Essa foi a pergunta que Jesus fez a Pedro e aos outros discípulos em seu terceiro aparecimento (conforme João, 21), após terem varado a madrugada tentando pescar em um mar onde sempre havia muitos peixes. Quando eles disseram que não tinham pescado nada, Jesus mandou jogarem a rede do lado direito do barco e, ao fazerem isso, a pesca foi abundante. Ao saírem do barco, Jesus estava com alguns pães, e alguns peixes estavam sendo assados em uma fogueira.

Anteriormente, os discípulos foram chamados de amigos; aqui, durante a pesca, Ele os chamou de filhos. De certo que, para os filhos, os pais são fonte de provisão, proteção e formação. Nessa relação, é necessário compreender qual deve ser o lugar de Deus em nossa vida, assim como nosso lugar no coração de Deus.

Sempre será uma grande satisfação de Deus presentear Seus filhos. Recordo-me de que, durante muito tempo, estive viajando profissionalmente e, quando retornava, trazia presentes para meus filhos. Por mais simples que fossem, eu sentia uma grande satisfação em presenteá-los, e minha maior alegria era ver a reação deles ao receberem os presentes.

Para finalizar, se perguntássemos a Deus quais são alguns dos presentes que Ele gostaria de receber, certamente um deles seria que sejamos uma grande família de filhos, todos parecidos com Jesus.

Você tem um chamado; é hora de agir, pois o fim se abrevia! Quem está perto de você pode receber o último aviso!

CAPÍTULO 2

Em busca da recompensa

Por isso, não abram mão da confiança que vocês têm; ela será ricamente recompensada.
Hebreus 10:35

Equilibrados em Deus

Não só no Novo, mas no Antigo Testamento, também encontramos inúmeras referências em que Deus estabelece princípios de equilíbrio para vivermos uma vida digna. Então, em tudo o que se refere à estabilidade de nossas ações deve haver sensatez. A instabilidade emocional ou espiritual, por exemplo, pode ser indício de que algo está fora da ordem de Deus.

Quando cometemos erros, devemos avaliar onde falhamos e quais são nossas vulnerabilidades. Às vezes, achamos que atingimos a maturidade suficiente, mas, de repente, lá estamos novamente cometendo os mesmos erros. Evidentemente, quando alcançamos a maturidade espiritual, nos aproximamos do equilíbrio desejável.

O apóstolo Paulo foi um exemplo bem nítido de alguém que sofreu desequilíbrio interior. Ele conseguiu superar tal adversidade apenas após a introdução da vida de Deus nele; assim, Paulo chegou ao ponto satisfatório de uma vida digna aos olhos de Deus.

> *Fui crucificado com Cristo. Assim, já não sou eu que vive, mas Cristo vive em mim. A vida que agora vivo no corpo, vivo-a pela fé no filho de Deus, que me amou e se entregou por mim.*
>
> Gálatas 2:20

Aqui, Paulo se convence de que o ponto de equilíbrio é Cristo, entendendo que suas razões e seus conceitos deveriam estar sempre subjugados ao Senhor.

Um dos grandes exemplos vividos pelo próprio Cristo ocorreu no Monte das Oliveiras, quando, na iminência de sua aflição, pediu ao Pai que o livrasse do sofrimento, mas que deveria ser feita a vontade de Deus. Realmente, isso não foi tão fácil, até que Deus enviou um anjo para fortalecê-lo. Mesmo assim, teve de orar mais intensamente, pois estava angustiado. Foi a partir disso que ele foi traído; contudo, entregue, ele manteve a alma equilibrada e pronta para o cumprimento da missão.

Neste caso, aprendemos que a intimidade com Deus nos leva ao equilíbrio e, assim, sempre teremos a direção correta para agirmos na hora certa.

Marta e Maria

Desde a minha conversão, em 1993, tenho ouvido e estudado muito a respeito das irmãs de Lázaro, o mesmo que foi ressuscitado por Jesus (conforme descrito em João, capítulo 11). Muitas mensagens são pregadas sobre elas, principalmente as que se referem ao que é descrito nas passagens a seguir:

> *Caminhando Jesus e os seus discípulos, chegaram a um povoado onde certa mulher chamada Marta o recebeu em sua casa. Maria, sua irmã, ficou sentada aos pés do Senhor, ouvindo a sua palavra. Marta, porém, estava ocupada com muito serviço. E, aproximando-se dele, perguntou: "Senhor, não te importas que minha irmã tenha me deixado sozinha com o serviço? Dize-lhe que me ajude!"* Respondeu o Senhor: *"Marta! Marta! Você está preocupada e inquieta com muitas coisas; todavia apenas uma é necessária. Maria escolheu a boa parte, e esta não lhe será tirada".*
>
> Lucas 10:38-42

Seis dias antes da Páscoa, Jesus chegou a Betânia, onde vivia Lázaro, a quem ressuscitara dos mortos. Ali prepararam um jantar para Jesus. Marta servia, enquanto Lázaro estava à mesa com ele. Então Maria pegou um frasco de nardo puro, que era um perfume caro, derramou-o sobre os pés de Jesus e os enxugou com os seus cabelos. E a casa encheu-se com a fragrância do perfume.

João 12:1-3

Ao chegar, Jesus verificou que Lázaro já estava no sepulcro havia quatro dias. Betânia distava cerca de três quilômetros de Jerusalém, e muitos judeus tinham ido visitar Marta e Maria para confortá-las pela perda do irmão. Quando Marta ouviu que Jesus estava chegando, foi encontrá-lo, mas Maria ficou em casa. Disse Marta a Jesus: "Senhor, se estivesses aqui, meu irmão não teria morrido. Mas sei que, mesmo agora, Deus te dará tudo o que pedires". Disse-lhe

> *Jesus: "O seu irmão vai ressuscitar". Marta respondeu: "Eu sei que ele vai ressuscitar na ressurreição, no último dia". Disse-lhe Jesus: "Eu sou a ressurreição e a vida. Aquele que crê em mim, ainda que morra, viverá; e quem vive e crê em mim, não morrerá eternamente. Você crê nisso?" Ela lhe respondeu: "Sim, Senhor, eu tenho crido que tu és o Cristo, o Filho de Deus que devia vir ao mundo".*
>
> João 11:17-27

Vamos analisar essas três passagens. No primeiro evento, quando Jesus chega à casa de Lázaro, Marta estava preocupada com seu serviço doméstico (possivelmente, preparando a refeição para servi-los), e Maria, que normalmente ajudava com as tarefas, a deixou, optando por estar na presença de Jesus. E o Mestre disse à Marta para não se preocupar com sua irmã, pois ela havia escolhido a melhor parte.

Com base nesse acontecimento, tira-se uma lição espiritual: Marta se preocupou com questões naturais, e Maria, com as questões espirituais. Maria foi atraída pela presença de Jesus e queria estar próxima dele, desconsiderando suas obrigações domésticas, menos importantes para o momento. E Jesus disse à Marta que Maria escolheu a melhor parte. Porém, em nenhum momento Jesus disse que Marta estava errada. A propósito, ela estava preparando a refeição para servi--lo. Então, mesmo naquele momento, por Maria ter escolhido a melhor parte, Jesus não desvalorizou o que Marta estava fazendo.

Na segunda passagem citada, o local é o mesmo, e as personagens, também. Marta servia a Jesus, cumprindo o papel de boa anfitriã, e Maria novamente permaneceu próxima do Senhor, quando o honrou derramando em seus pés um frasco de nardo puro.

Vamos agora avaliar a terceira referência. Desta vez, Lázaro morreu e, quando Marta soube que Jesus estava chegando ao vilarejo, correu até ele, porém Maria ficou em casa. É evidente que, desta vez, quem escolheu a melhor parte foi Marta, pois de que adiantaria ficar em casa chorando pelo morto? Marta, no entanto, ao saber que Jesus estava chegando, rapidamente foi até ele.

Marta foi até Jesus crendo que seu irmão ressuscitaria. Se agirmos da mesma forma, reconhecendo que toda autoridade do Pai foi dada ao filho, seremos também atendidos. Certamente, ela viu a glória de Deus porque acreditou.

Os benefícios obtidos quando nos aproximamos de Deus, com fé, serão sempre os melhores. Ao crer, geramos intimidade espiritual, e grandes coisas nos são reveladas. Essa intimidade está relacionada ao exercício da fé. Deus é recompensador àqueles que o buscam.

Nesse quesito, nota dez para Marta, que exerceu princípios para ver a glória de Deus. Talvez Maria tenha se abatido com a triste perda do irmão; não acreditando no que Jesus tinha dito sobre a morte de Lázaro; que aquela enfermidade não acabaria em morte, mas para que o Filho de Deus fosse glorificado por intermédio dela. É certo que Marta entendeu, pois, ao saber que Jesus estava próximo, foi de imediato encontrá-lo, crendo que seu irmão viveria.

Vimos então ações louváveis das duas irmãs em eventos diferentes: em relação à Marta, ela não teve sensibilidade em priorizar o que era de mais valor para o momento quando Cristo esteve em sua casa. E, quanto a Maria, ela não teve uma atitude correta quando seu irmão morreu.

É hora de colocar em prática

Pois bem, você pode estar necessitando de algo em relação a que só Deus pode te socorrer. A receita está dada! Ele recompensa aqueles que creem em Seu nome. Basta você crer que Ele verdadeiramente é o Filho de Deus; assim, todas as coisas se tornam possíveis.

É plena graça. É simplesmente sobrenatural e inexplicável! Quando precisamos de algo e nos aproximamos de Deus, somos recompensados. Então, a única coisa que temos a fazer para receber recompensas celestiais é ter fé, pois isso é agradável a Deus.

Para finalizar, avalie como está sua vida. Verifique se o que está fazendo condiz com a vontade de Deus. Caso não esteja, peça a Ele que te ajude a encontrar o melhor equilíbrio e desfrute das grandes maravilhas que estão disponíveis para você.

CAPÍTULO 3

O Sábio e o temor

O temor do Senhor é o princípio da sabedoria, e o conhecimento do Santo é o entendimento.

Provérbios 9:10

A excelência do amor

Devemos amar e temer a Deus, pois os dois caminham juntinhos, lado a lado. Esses são dois pontos convergentes que medem nosso envolvimento com Deus: o amor e o temor. As definições são amplas. A *Bíblia* está recheada de ensinamentos e definições, tanto sobre o amor quanto sobre o temor. Ambos medem nosso nível de relacionamento com Deus. Primeiramente, que fique bem claro que a palavra "temor" pode ter conotações positivas e negativas. Evidentemente, por estarmos falando do nosso temor em relação a Deus, a conotação aqui será sempre positiva.

Em certa oportunidade, ouvi uma pessoa dizer que o amor e o temor estão intrinsecamente ligados. Isto é, quem ama teme, e quem teme ama. E isso tem fundamento se conseguirmos conectar ambos, pois assim contemplam-se dois grandes atributos indispensáveis para a íntegra atuação de Deus em nós.

Em relação ao amor *philos*, este pode ser compreendido como um sentimento de simpatia natural ou uma profunda amizade que expressamos ao próximo. O ato de amar promove quase instantaneamente uma ação emocional, tanto ao agente emissor quanto ao beneficiado. Vale ressaltar que devemos praticar o ato de amar com base no que a *Bíblia* nos instrui, pois, desse modo, estaremos mais sólidos em nossos relacionamentos, preservando, assim, a lealdade que sempre foi o fundamento da excelência do amor de Deus.

> *Ainda que eu fale a língua dos homens e dos anjos, se não tiver amor, seria como um sino que ressoa ou como um prato que retine. Ainda que eu tenha o dom de profecia e saiba todos os mistérios e todo o conhecimento, e tenha uma fé capaz de mover montanhas, mas se não tiver amor, nada serei.*
>
> I Coríntios 13:1-2

Você já deve ter lido esses versículos em um convite de casamento ou ouvido essa citação em alguma cerimônia. Realmente, é muito lindo e expressivo quando os noivos fazem esse voto, declarando que um não viveria sem o outro. Não é lindo? Contudo, a conclusão é a de que, sem o amor, não somos nada. Só seremos capazes de provar a existência do verdadeiro amor em nós se os versículos a seguir forem reais em nossas ações:

> *O amor é paciente, o amor é bondoso. Não inveja, não se vangloria, não se orgulha. Não maltrata, não procura seus interesses, não se ira facilmente, não guarda rancor.*
>
> 1 Coríntios 13:4-5

Alguém chamado amor

Observe em detalhe a menção anterior sobre o amor. É um substantivo, e não um adjetivo. É como se fosse uma pessoa. Atente que ele é paciente e bondoso, não se inveja e não se orgulha, não maltrata e não olha para seus interesses, não se ira nem guarda rancor. Agora, avaliemos o versículo a seguir:

> *Assim conhecemos o amor que Deus tem por nós e confiamos nesse amor. Deus é amor. Todo aquele que permanece no amor permanece em Deus, e Deus nele.*
>
> 1 João 4:16

Atente que esse versículo afirma que o próprio Deus é amor. Deus nos ama porque Ele é amor. Isso está introduzido na pessoa Dele. Como fomos criados com a genética de Deus, devemos também expressar esse amor que não produzimos, mas que foi introduzido em nós por Deus. Portanto, o amor que está em nós é paciente, bondoso, não é orgulhoso nem busca seus próprios interesses. Podemos concluir que, quando praticamos o ato de amor, estamos pondo em ação os atributos de Deus em nós. É bastante convincente a definição de que Deus é amor e que, se permanecermos nesse amor que é Ele, Ele permanecerá em nós. De fato, estando Deus em nós, sempre que o amor se manifestar, é o próprio Deus entrando em ação.

A porta principal

Tonificar o temor no Senhor é compreender a importância do amor e suas ações ativas que nos conectam aos desígnios de Deus. Agregado a isso, fomos orgulhosamente feitos com os atributos do próprio Criador. Que ressoe em nosso espírito o privilégio de ser o que somos, assim desfilamos no portal principal da excelência celeste, chamada coração de Deus.

> *Eu sou a porta; quem entra por mim será salvo. Entrará e sairá, e encontrará pastagem.*
>
> João 10:9

    Às vezes, minha mente viaja em uma dimensão que reputo plausivelmente quando tento imaginar a grandeza de Deus. Então, preparo o melhor cenário para contemplar em minha mente a excelência de Deus. E, quando leio o que o Mestre disse, que Ele é a porta, logo imagino o tamanho do palácio real. Todos os adjetivos que possam dimensionar Deus, e tudo que está ligado a Ele, devem ser considerados como realidade divina. Pois bem, acessar a porta e transitar livremente tendo paz é tudo de que necessitamos. Não tenho nenhuma dúvida: ao entrar por essa porta, expressamos o maior ato de honra, reconhecendo o quanto Cristo representa para nós com seus maravilhosos feitos.

    Por certo, ninguém pode viver plenamente em Cristo sem que tenha morrido para o pecado na semelhança do Filho. Os sinônimos de honra são diversos e indicam o reconhecimento de grandeza a quem é digno. Todas as considerações e reconhecimento da pessoa de Cristo nos contemplam a total suficiência dele em nós. Se equacionarmos o amor, a honra e o temor, blindaremos nossa fé a ponto de ela se tornar inabalável.

O sábio e o amado

Ao fazermos referências a alguém que é sábio, definimos qualidades de um indivíduo acima da média dotado de certo grau de conhecimento, capaz de desvendar fatos que as pessoas em geral não são capazes por não serem providas no mesmo nível de intelectualidade, por exemplo. Por outro lado, quando ponderamos à luz da *Bíblia* a qualidade de alguém que é sábio, saímos do âmbito intelectual e migramos para o âmbito espiritual. E, neste caso, as menções de quem é sábio são determinadas por atributos diferentes das referenciadas aos intelectos deste mundo.

Ouçam a minha instrução, e serão sábios.
Não a desprezem.
Provérbios 8:33

*Não seja sábio aos seus próprios olhos;
tema ao Senhor e evite o mal.*
Provérbios 3:7

O primeiro versículo citado contextualiza que qualquer um pode se tornar sábio, se tal sabedoria tiver como fonte provedora o próprio Deus. Basta atentarmos aos conselhos divinos e aceitar Suas instruções, pois os dois versículos são bem transparentes nos alertando que não devemos ser sábios aos nossos próprios olhos, mas que devemos temer ao Senhor. Logo, podemos definir que quem teme ao Senhor é sábio, e isso resulta em revelações divinas que nos tornam cada vez mais sábios.

Ser sapiente no Senhor é estar ciente de que Suas realizações em nós são plenamente Dele, e não pelo nosso próprio merecimento.

Temer a Deus reconhecendo que dependemos Dele é o ponto de partida e, ao receber a vida de Cristo, contempla-se a totalidade da vida de Deus em nós. Então, os frutos do Espírito conforme estão escritos em Gálatas (5:22) – amor, alegria, paz, paciência, amabilidade, bondade e fidelidade, mansidão e domínio próprio – estarão expostos nas principais galerias de nosso caráter, refletindo as virtudes do Deus Altíssimo.

Atente que os substantivos expostos no parágrafo anterior. Não são particularidades de alguém, mas, sim, frutos do Espírito, e isso é introduzido em nós pela vontade de Deus. E então, estando eles em nós, praticamos esses atos sem dificuldades, pois nossas ações estarão totalmente subjugadas às ações de Deus. Sendo assim, essas são as qualidades que herdamos por intermédio do filho de Deus.

Quando compreendemos o padrão de Deus, demonstramos total temor ao Senhor e, se analisarmos o que é necessário fazer para receber o poder de Deus, concluiremos que é graça total. E não cabe avaliar o porquê de recebermos, mas para quê recebemos, e fatalmente encontraremos no Senhor as melhores respostas, e essas bem definirão nosso lugar no coração de Deus.

Considerando as realidades celestiais, só consigo imaginar e comparar o viver em Cristo como se estivesse em um palácio real com todas as honras de filhos admirados pelo pai, que sempre demonstra um amor incompreensível aos filhos.

Ser sábio é compreender que somos frutos da obra inicial de Deus para que todos saibam quem Ele é. O amado sábio tem sua sabedoria fundamentada nas riquezas celestiais, e estando ajustadas às ações das quais servirão para a edificação em Deus, estarão preservados os principais valores do verdadeiro sábio.

Temer a Deus é aceitar seus princípios estabelecidos, assim estaremos perfeitamente ajustados aos seus atributos. O ato de temer a Deus demonstra nossa conexão com Ele, e assim valorizamos com alto grau de importância as ações de Deus em nós. Dessa forma, subjugamos tudo que é natural e nos desprendemos de questões que possam nos distanciar de Deus e de seus propósitos.

Conectados em Cristo

Em relação ao nosso envolvimento com Cristo, a própria *Bíblia* nos instrui que é importante uma alta avaliação pessoal. Na revelação do nosso nível de relacionamento com Deus, descobrimos nosso nível de envolvimento com Ele.

> *Jesus lhes disse: "Eu lhes digo a verdade: Se vocês não comerem a carne do Filho do*

homem e não beberem do seu sangue, não terão vida em si mesmos".

João 6:53

Os que pertencem a Jesus Cristo crucificaram a carne, com as suas paixões e seus desejos.

Gálatas 5:24

Segue como recomendação para os que desejam viver para Deus: morrer para o mundo e nascer para Cristo. Certamente, se morremos para o pecado e ressurgimos com Ele, demonstramos nossa fé. Estando nossa fé bem fundamentada em Deus, jamais sairemos da posição, e certamente estará consolidado nosso temor a Ele.

CAPÍTULO 4

Embates emocionais

Meu filho, guarde consigo a sensatez e o equilíbrio, nunca os perca de vista.

Provérbios 3:21

Lidando com os problemas

Ajustar o estado emocional para obter uma paz sólida pode ser uma constante batalha da qual você jamais deve desistir até que, enfim, chegue a um estágio de pleno conforto. Observar Deus e saber que Ele jamais se desestabiliza nos motiva a observar Seus passos, considerando que é possível uma reverberação dos esplêndidos atributos divinos em nosso interior.

Como seria bom se vivêssemos bem distante de problemas! E melhor seria se eles nem existissem.

Na *Bíblia*, observamos o comportamento do homem no Éden antes da queda. Conforme tudo que é revelado, ele desfrutava de uma magnífica paz. Pelo fato de não ter tido, ainda, contato com o pecado, ele não sabia o que significavam "problemas".

Distúrbios têm assolado a vida de pessoas no mundo todo, independentemente de nacionalidade, posição social, idade, enfim. O fator problema invade a vida das pessoas quase inevitavelmente em todas as esferas. Neste exato momento, algum tipo de incômodo pode estar rondando seu campo emocional, tentando uma posição de destaque em sua mente, podendo até mesmo te conduzir a um desequilíbrio. Por vezes, o que tanto nos deixa estarrecidos é não estarmos sempre preparados para os infortúnios. Chocamo-nos quando estamos em plena calmaria e, de repente, parece que o mundo desaba. Algumas reações inesperadas são quase instantâneas: Não acredito! Logo agora! Você está brincando! Nem sei o que fazer! Só me faltava essa! E, certamente, existem outras expressões negativas que verbalizamos em situações de desabafo.

É nesse momento que temos a sensação de que nosso mundo interior está ruindo, quando tudo estava bem e repentinamente uma má notícia cai como uma bomba e abala toda a nossa estrutura emocional. O que mais esperamos em situações assim é que tudo seja superado o mais breve possível.

A verdade que queremos alimentar em meio às lutas é a de que tudo passará e será superado. Controlar nossas emoções nem sempre é uma tarefa fácil. E, quando alguém tenta nos consolar, nem sempre obtemos o que esperamos.

Por melhor que imaginemos qualquer antídoto contra o veneno que corrói um coração ferido, isso pode não funcionar como esperado. Às vezes, em meio ao desespero, alguém pode se sentir frágil a ponto de não querer reagir ou aceitar que algum socorro virá e que tudo será superado.

Há pessoas que geram na consciência uma certeza de que estão passando por determinada situação simplesmente porque tinham de passar. Podemos até ponderar como aceitável em alguns casos, pois encontramos na *Bíblia* evidências de que fatos em nossa vida não são ocasionais. Ao contrário, tudo tem fundamento e propósito. Contudo, o modo como enfrentamos tais adversidades pode viabilizar o tão esperado alívio e nossa superação.

Se conseguirmos nos controlar emocionalmente em momentos dolorosos, mantendo a tranquilidade e o equilíbrio, isso certamente facilitará a resolução dos problemas, e os danos emocionais poderão ser minimizados.

Constantemente, quando surge algum problema, podemos ficar sem uma ação que seria resoluta. As reações emocionais e orgânicas afloram automaticamente, como uma crise de nervosismo, alteração na pressão arterial, perda de apetite, falta de sono e isolamento. Essas são algumas das nossas reações adversas que logo aparecem diante de um distúrbio. Pense bem! Sempre, ao surgimento de qualquer problema, nosso emocional e nosso corpo é que acabarão pagando a conta antecipadamente. Já pensou nisso? Relaxe, eu não sou diferente de você, também passei por isso! Não foi fácil quando, aos 22 anos de idade, no melhor vigor físico, fui acometido por uma grave infecção na válvula aórtica. Eu também vi o mundo desabar, fiquei sem chão, emocionalmente abalado, perdendo em momentos o prazer em viver.

Quem paga a conta?

Evidentemente, quando os problemas emocionais nos afetam, sofremos algumas consequências. No entanto, há um lugar de descanso, e o que temos de fazer é envolver Deus, pois assim as coisas naturais migram para a esfera sobrenatural, na qual tudo é desenhado de modo diferente do entendimento natural.

Considerando o conceito de que "aqui se faz, aqui se paga", é certo que nossas ações erradas terão consequências. Porém, acima de qualquer problema, o maior entre todos já foi resolvido: a justificação do homem. Diante de todas as nossas falhas, fomos absolvidos pela condenação do Cristo. Ele mesmo se apresentou no banco dos réus e cumpriu o plano de Deus na efetiva substituição ordinária. Isto é, quem tinha de pagar a conta éramos nós, pecadores, e não ele, o justo. Mas Jesus tomou a dianteira, se entregou ao julgamento, e sendo ele condenado, fomos absolvidos. Desse modo, nós, que éramos injustos, fomos justificados, e o Cristo ressurreto justo se tornou maldito em nossa posição. Conclusão: conta paga!

> *Sendo justificados gratuitamente por sua graça, por meio da redenção que há em Cristo Jesus.*
> Romanos 3:24

> *Venham a mim, todos os que estão cansados e sobrecarregados, e eu lhes darei descanso.*
> Mateus 11:28

Esses dois versículos estão entre as dezenas que contemplam nossa plena justificação. Primeiramente, fomos justificados de forma gratuita, sem a necessidade de apresentar um relatório de nossos atos em defesa própria.

Se alguém comete algum ato infringente à lei, é levado ao banco dos réus, julgado e condenado, e após o cumprimento da pena, ele recebe o direito de liberdade, pois o preço pelo ato cometido foi pago.

A boa notícia: Cristo tomou nosso lugar, havendo a absolvição total. E, além disso, em amor, convida a todos que estão cansados e oprimidos para a sua presença, e os que chegam a ele recebem descanso. A conta já está paga!

Migrando os problemas

Não se intimide em apresentar a Deus o que tanto te aflige. Em relação a isso, todo tipo de aflição Ele mesmo sofreu e superou. Então, apresente a Ele toda sua dor, seu sofrimento e suas limitações.

As ações de Deus em nós são tão esplêndidas que basta elevarmos nossos pensamentos ao Altíssimo para encontrar o equilíbrio por completo, pois Nele infalivelmente sentimos paz. Porém, a transferência dos problemas se dá quando tomamos a iniciativa da fé, nos entregando a Deus completamente, sem guardar nenhum resíduo conosco. Não podemos agir parcialmente, pois a fé parcial não tem valor, e Deus nunca agirá parcialmente em nosso benefício. Devemos confiar plenamente em Deus.

O grande combate

> *Finalmente, fortaleçam-se no Senhor e no seu forte poder. Vistam toda a armadura de Deus, para poderem ficar firmes contra as ciladas do Diabo, pois a nossa luta não é contra pessoas, mas contra os poderes e as autoridades, contra os dominadores deste mundo de trevas, contra as forças espirituais do mal nas regiões celestiais.*
>
> Efésios 6:10-12

Muito bem, que alívio! A princípio, é necessário quebrar qualquer orgulho e não acharmos que somos autossuficientes para resolver todos os problemas. E, também, não devemos sofrer diante de situações críticas, mas permitir que Deus atue livremente em nós, pois Ele nos fortalecerá, e sairemos vitoriosos.

Sem dúvida, nosso emocional é plenamente estabilizado quando somos firmados no Senhor. Mesmo que sejamos vitimados intencionalmente, nosso Deus, que é soberano sobre todos, nos dará paz e vitória. Em qualquer ataque contra nós, Deus agirá prontamente, pois somente Nele temos a certeza da superação.

É claro que consequências naturais provenientes de nossos erros ficam por nossa conta. Não podemos pegar todos os nossos atos ilícitos e colocá-los na conta de Deus. Mesmo que a maior dívida tenha sido paga contra a condenação eterna, temos nossas responsabilidades. O mesmo acontece com alguém que contrai uma dívida financeira e deve procurar o credor e acertar o que deve, não podendo atribuir isso a Deus.

Tudo novo

> *Portanto, se alguém está em Cristo, é nova criação. As coisas antigas já passaram; eis que surgiram coisas novas!*
>
> 2 Coríntios 5:17

Somente estando em Cristo é possível se desconectar das coisas que passaram. Ao experimentarmos a nova vida em Cristo, contemplamos a plena paz. Na nova vida, nos desconectamos de tudo que é negativo, viramos a página, e em paz caminhamos em Cristo. E quanto às consequências dos atos praticados no passado e que geraram danos no presente, elas serão amenizadas, pois o mesmo Deus que nos libertou em Cristo nos guardará, e em dias de dificuldades Ele encherá nosso coração de paz. Eleve seus pensamentos para onde você se sentirá seguro.

Turbulência emocional

Aeroporto de Ociosidade. Os relógios da sala de embarque indicam 19h35min. Faltam ainda duas horas para o voo com destino ao Lugar Seguro, e, como sempre, o filho se apresenta mais uma vez com bastante antecedência ao aeroporto, para não correr nenhum risco de perder o voo.

Ao chegar à sala de espera e após ir ao toalete, ele se direciona ao *coffee shop* mais próximo e, como de costume, pede uma xícara de chá acompanhada de alguns biscoitos. Satisfeito com a rotina inicial, o filho se direciona à sala de espera, onde procura por um lugar com o menor número de pessoas possível. Ao confirmar no painel o voo, é hora de relaxar.

Por alguns instantes, sua mente embarca em um mundo silencioso ao se desconectar da rotina turbulenta. No entanto, logo sua mente é invadida por problemas. Família, finanças e demais assuntos vão tomando seus lugares, e, como de praxe, as questões mais relevantes e preocupantes sempre tomam os assentos dianteiros.

O filho tenta se distrair observando a movimentação dos passageiros de outros voos em procedimento de embarque, mas essa movimentação só consegue distraí-lo por alguns instantes, pois subitamente alguns problemas que há pouco embarcaram em sua mente voltam a se movimentar. Uma leve dor de cabeça às vezes traz um desconforto, e o coração parece bater mais forte. Uma inexplicável aflição domina suas ações.

Após um longo período na sala de espera, é anunciado que os passageiros do voo 777 devem se enfileirar no portão de embarque. O filho então embarca na aeronave, toma seu assento e ajusta sua poltrona. Após todos os passageiros se acomodarem, iniciam-se os procedimentos de orientações antes de a aeronave partir para seu destino. Naquele momento, que seria de tranquilidade e descanso, começa uma grande turbulência, não na aeronave, mas em tudo que havia embarcado em sua mente na sala de espera. A mesma sensação de desconforto o toma por completo, os problemas em sua mente voltam a incomodar. Tudo que o filho deseja é que, ao desembarcar, todos os problemas aflitivos não o acompanhem.

O diálogo entre o comandante e o passageiro

Após pouco mais de duas horas de voo, finalmente a aeronave aterrissa com segurança no aeroporto de Lugar Seguro. Sentado em um assento ao lado da janela, o filho aguarda ansiosamente a saída dos demais passageiros para, então, desembarcar, quando subitamente alguém chama sua atenção. Ao olhar para a frente e para trás, o que ele via eram apenas os passageiros enfileirados e lentamente saindo da aeronave. Então, o filho fica estático. Logo ele ouve mais uma vez alguém o chamando pelo nome. Ele olha para os lados, e o que vê são as pessoas desembarcando. Ele não aceita a possibilidade de alguém ter invadido sua mente para falar alguma coisa, até que...

– Você não está bem, não é? – pergunta o comandante.
– Não, não estou. Mas quem é você? E o que você quer?
– Eu sou o que sou. Tenho observado seus sofrimentos e quero te ajudar.

Agora com um ar de confiança, o filho abre seu coração e desabafa:

— Estou cansado e carregando um fardo muito pesado em uma jornada que parece não ter fim.

— Vamos fazer uma troca? Você confia em mim, e eu te darei a minha paz. Tome sobre ti o meu jugo e aprenda de mim que te darei descanso — diz o comandante.

Bem, essa é uma pequena ilustração fictícia para demonstrar a realidade de muitas pessoas quando enfrentam dificuldades. Se há persistência de problemas em nossa mente, isso retrata que não estamos tendo o controle nem sabemos como superá-los. Diante de nossas limitações, insistir na busca de meios naturais para nos livrarmos dos sofrimentos pode ser em vão. Confiar em Deus e descansar Nele é a saída mais plausível.

Na condição de onipotente, Deus traz luz a todos nossos dilemas, e com Seu infinito amor, somos cuidados e temos nossas forças renovadas. São invariáveis as ações de Deus intencionadas em nos acolher. O grande poder de Deus está acessível a todos os que creem. As benevolências são realidades bem presentes em qualquer momento de angústia. Deixe Deus embarcar em sua vida e tenha bom voo!

> *Vocês que temem o Senhor, confie no Senhor!*
> *Ele é o seu socorro e seu escudo.*
>
> (Salmos 115:11)

Simplesmente isto: se cremos, Ele nos socorre. É semelhante a um escudo que nos protege. Conforme João 8:32, que diz: "E conhecerão a verdade, e a verdade os libertará". Evidentemente, esse conhecimento está relacionado à aceitação dessa verdade. Cabe a nós crer para que sejam efetivadas as ações de Deus a nosso favor.

Certamente, você já passou por situações difíceis ou pode estar passando neste momento. Lidar com adversidades requer mais que conhecimento e experiência. Será inevitável o socorro sempre presente vindo do alto.

Pessoas aflitas sentem uma sensação como se a alma estivesse intoxicada. O processo de desintoxicação da alma se inicia quando damos os primeiros passos na dependência de Deus, e aos poucos somos purificados. Sempre que em nossa mente surgir um bilhete de embarque de mais algum problema, de imediato devemos transferir a causa para nosso altíssimo Comandante.

CAPÍTULO 5

O homem no centro do Universo

[...] para que venham a tornar-se puros e irrepreensíveis, filhos de Deus inculpáveis no meio de uma geração corrompida e depravada, na qual vocês brilham como estrelas no Universo.

Filipenses 2:15

Um Deus contemplativo

Manhã de verão paulistano, os primeiros raios de sol atravessavam a porta-balcão de vidro de minha sala. A temperatura era das mais agradáveis. Eu observava as belas e incontáveis nuvens que desfilavam no céu azul com seus efeitos sincronizados. No momento, algumas ainda resistiam ao raiar do Sol e indicavam que momentos antes elas estavam carregadas e, na mais bela harmonia, descarregaram suas águas em algum lugar. É assim que parte da criação, por si, executa seu papel fundamental, conforme o Deus criador traçou com tanta perfeição.

Então, você deve estar se perguntando: o que isso tem a ver comigo?

No momento em que vi os raios solares entrarem livremente em minha sala, comecei a meditar em alguns fundamentos e vi que eram as mãos de Deus agindo em benefício da humanidade. Então, espontaneamente, glorifiquei a Deus por suas maravilhas. Eu não estava só. Simultaneamente, vários pássaros aos meus olhos recepcionavam o belo dia que se iniciara, esbanjando seus cânticos afinadíssimos sem terem tido qualquer aula de canto. Toda a natureza criada pelo Altíssimo se manifestando livremente.

> *Tu me alegras, Senhor, com os teus feitos; as obras das tuas mãos levam-me a cantar de alegria.*
>
> Salmos 92:4

> *Louvem-no os céus e a terra, os mares e tudo o que neles se move.*
>
> Salmos 69:34

Observe: esses cânticos nos remetem a pensar dessa forma, pois, de fato, tudo o que se move, seja nos céus, nos mares ou na terra, está louvando ao Senhor em reconhecimento ao seu senhorio, e, assim, nós também devemos estar envolvidos nisso.

Então, respirei fundo e, com um enorme sorriso, levei alegremente meus dedos ao teclado do notebook, transcrevendo o que meus olhos contemplavam, e senti nitidamente que meu espírito estava plenamente conectado ao Espírito de Deus; assim, me invadi em suas maravilhas.

Olhando para Deus

Tudo que existe ao nosso redor provindo de Deus tem como principal objetivo nos favorecer. Olhe com a ótica sobrenatural, assim você conseguirá ver Deus e Seus intentos maravilhosos. Tudo que é natural e que está ao nosso alcance teve sua origem no sobrenatural, pois é assim que nosso Deus se move. O que também nos impressiona é que somos soberanamente abençoados ao raiar do dia, independentemente do que somos, do que estamos fazendo, do que temos feito ou pensamos. Somos abençoados porque Deus é amor.

Ao olharmos para a grandeza de Deus, sempre minimizamos qualquer problema. Agora, se você não consegue dimensionar o Deus Altíssimo, pense em tudo que existe, pense em tudo que seus olhos possam ver. E você já se perguntou: "Por que Deus criou todas as coisas? Quais os propósitos de tudo que Ele criou?" A própria *Bíblia* nos dá a resposta:

> *Pois dele, por ele e para ele são todas as coisas.*
> *A ele seja a glória para sempre! Amém.*
> Romanos 11:36

Tudo que Deus criou é para a glória Dele. Decerto, entre tudo, você é o que melhor se aproxima Dele. Não há nada neste mundo que se compare a você, pois Deus o criou olhando para Ele mesmo.

Concluímos então que, se tudo que Ele criou é para Sua própria glória, e estando Ele habitando em nós, somos beneficiados em tudo.

Não me canso de expressar, com meus recursos, com minhas ações, minhas possibilidades e minhas expressões, quão maravilhoso é o nosso Deus.

> *[...] quando Deus criou o homem, à semelhança de Deus o fez; homem e mulher os criou. Quando foram criados, ele os abençoou e os chamou Homem.*
>
> Gênesis 5:1-2

Você já nasceu abençoado

Fomos criados por Deus e ganhamos uma identidade semelhante à Dele, e tudo o que Deus fez se move em nosso benefício. É para vibrar em nosso espírito! Quando nos criou, Ele nos abençoou, portanto somos abençoados porque assim Ele decidiu. Não há qualquer esforço humano que seja necessário para justificar esse merecimento. Por amor, Ele decidiu desde o princípio e jamais revogará Seus feitos iniciais. Ele é eterno, e Seus planos também são. Podemos, então, concluir que, de fato, somos o centro de Sua vontade.

O maior valor entre todos

Somos todos motivados por valores materiais ou imateriais. Os valores humanos muitas vezes são atribuídos pelo que obtemos em troca. Já os valores atribuídos por Deus são incondicionais, pois são originários em Seu ato de amar. Todavia, nós, por sermos limitados e falhos, nem sempre compreendemos os valores que são do alto, os quais muitas vezes desprezamos.

Como pessoas naturais, somos vulneráveis em nossas atitudes e, por vezes, tomamos decisões erradas. Mas, quanto a Deus, tudo é diferente. Ele jamais mudará o curso dos planos pré-estabelecidos. Por exemplo, quando Ele disse que tiraria seu povo da escravidão do Egito e o levaria para Canaã, não foram as adversidades e a falta de credibilidade de muitos que fizeram com que Deus mudasse Seus planos, pois tudo o que Ele projeta, Ele conclui, tudo que Ele promete, Ele cumpre.

As maravilhas de Deus são simplesmente incompreensíveis ao entendimento humano. Se assimilarmos suas orientações, poderemos melhorar nossos conceitos em relação à vida e, assim, viver convictos de que somente os planos de Deus são perfeitos.

Somos o que há de melhor entre o que Deus já criou. Se não fosse assim, Ele não teria razão em nos eleger e nos moldar a sua perfeita cópia. Então, nos tornamos seus representantes, para que todos possam ver que Deus existe e quem Ele realmente é. Pois, sendo nós a perfeita criação para refletir Sua imagem, é plenamente aceitável considerar que Seus atributos, Suas características e Sua personalidade sejam verdadeiras em nós.

Não é necessário ver o Sol para crer em Sua existência. Basta olhar para seus raios refletidos e logo definimos que ele existe. Da mesma forma, não é necessário ver Deus para crer que Ele existe. Basta olhar para aqueles que refletem quem Ele é e, assim, definimos a existência de Deus.

Planos perfeitos

Agora, que conclusão podemos tirar em relação às intenções de Deus a nosso favor? Veja o ar que respiramos. Mesmo não vendo e não compreendendo sua formação, sabemos que ele existe e que é necessário para a vida humana. Deus soprou nas narinas do homem, tornando-o um ser vivente, e isso só foi possível porque já existia o ar que respiramos. Antes mesmo de nosso nascimento, o ar já estava nos aguardando para nos condicionar a vida.

Não importa a nossa compreensão sobre tudo o que há ao nosso redor, mas tudo tem como propósito produzir em nós algum tipo de benefício. Então, se minuciosamente Deus tem projetado e mobilizado tantos fatores para viabilizar nossa existência, por que Ele nos deixaria desprovidos de fontes benéficas que produzem alívio em tempo de angústia e vitória em tempo de lutas? Seria inaceitável imaginar um Deus incompleto em seus preceitos. Contemple tudo de bom que Deus criou, e assim você estará O contemplando.

CAPÍTULO 6

Quem sou eu?

Todos vocês são filhos de Deus mediante a fé em Cristo.

Jesus, Gálatas 3:26

Eleitos para influenciar

Vamos agora trilhar um caminho que nos leva a um lugar chamado "identidade pessoal". Se fizermos uma autoavaliação, identificaremos muitas particularidades que podem definir um pouco quem somos. No entanto, se buscarmos em Deus para saber quem somos, teremos uma definição bem diferente daquela de nossos conceitos pessoais.

Uma vez que Deus nos definiu Nele, herdamos suas características personificadas. Nossas ações, pensamentos, sentimentos, desejos... Enfim, somos frutos de Sua vontade. Com a vida de Deus em nós, somos potencializados para a realização de grandes coisas, entre elas, uma das mais valorosas é o poder que recebemos para influenciar pessoas.

Profissionais usam seus talentos para influenciar pessoas com objetivos definidos. Uma boa apresentação e discursos convincentes são suficientes para conquistar.

Já os cristãos, na condição de representantes celestiais, recebem dons para os propósitos determinados por Deus. Ficamos, assim, sob o domínio do Espírito Santo, que atua em nós com poder e autoridade. As ações de Deus têm um potencial incomparável e inesgotável.

Em Deus, influenciamos pessoas não pelos talentos que somos, mas pelo que temos recebido por meio do Espírito Santo. Assim, nos tornamos aqueles com maior potencial para influenciar a todos e levá-los a conhecer Deus e suas maravilhas.

Nossa identidade como filhos de Deus revela nossos valores espirituais, que são fundamentais para influenciar a todos que não conhecem Deus e Seu plano de vida. O mundo precisa saber que existe algo tão especial em nós: a vida de Deus.

Espelhos de Deus

Temos um potencial espontâneo que facilmente é notado por pessoas em todo o tempo que cruzam nosso caminho, seja por anos de relacionamento ou por frações de segundo.

Nada na Terra é tão magnífico quanto nós. Se não fosse assim, Deus não teria motivo para nos criar a Sua semelhança. Ele nos elegeu para sermos templos do Espírito Santo, em que livremente suas ações sobrenaturais são realizadas. Fomos eleitos para espelhar ao mundo quem realmente Deus é.

O Senhor nos potencializou com a capacidade de expressar tudo o que Ele projetou um dia. Deus, no princípio, jorrou dentro do homem sua própria vida, e hoje influenciamos pessoas porque um dia recebemos esse dom, seja no falar, no ouvir, no tocar. São múltiplas as formas de comunicação pelas quais transferimos a vida de Deus.

Tenha bom ânimo

Quando algo se move dentro de nós e toca o emocional, é sinal de que está havendo uma conectividade de valores, pois todos nós somos também movidos pela emoção. Se essas ações estiverem ao mesmo tempo impactando nosso espírito positivamente, colheremos bons frutos e, então, estaremos bem.

Sempre tem sido intenção de Deus manter ativos seus atributos dentro em nós. Quando expressamos a alegria de Deus em nosso espírito, atraímos pessoas. Recorde que fomos feitos com a genética de Deus (Gn 1:12,13), para que todos vejam quem Ele é. Lembrando que, quando o Criador nos formou, Ele olhou para Si mesmo.

Somos dependentes de Deus

Obter sucesso na resolução de problemas depende de nossa postura. Se envolvermos Deus nas questões, certamente teremos melhores êxitos, contudo, se agirmos sozinhos em defesa própria, a autodefesa será imediata, e os resultados nem sempre serão satisfatórios. É certo que nosso Criador, que é onisciente, nos conhece integralmente. Pois bem, Ele sempre está nos observando em tudo que fazemos. Ninguém além de Deus nos conhece tão bem. Tudo o que fazemos estará sempre transparente aos olhos Dele.

Como vimos anteriormente, temos a opção de apresentar a Deus situações difíceis de nossa vida ou tentar resolver tais problemas por nossa conta e risco. O insucesso é certo quando agimos sozinhos. Deus zelosamente sempre está atento a cada passo que damos. Creio que, a todo momento, Deus deseja nos guiar para o verdadeiro conhecimento de quem realmente somos: pessoas de valor, mas plenamente dependentes Dele. Por isso, o modo como lidamos com os problemas mede nosso nível de relacionamento com Deus.

Somos seres relacionáveis

Naturalmente, o ser humano foi criado para ser relacionável, pois Deus nos formou e nos abençoou para esse propósito. Diante dessa realidade, a humanidade deve se alegrar entre si. Como diz a *Bíblia*, é bom e agradável quando convivemos em união (Sl 133:1).

Em relação à importância da vida de relacionamento, é certo que fomos criados para trabalhar em grupo. Quando o homem foi formado, ainda não havia vida nele. Isso só se efetivou quando Deus soprou em suas narinas a Sua própria vida, ativando assim no mínimo dez trilhões de células, e estas, com características diferentes, trabalham harmoniosamente para nossa existência e estão divididas em vários grupos que exercem funções diferentes.

Assim como as células de nosso corpo têm vida porque se movimentam, e se pararem elas morrem, também as ações do Espírito se movimentam, gerando vida e produzindo grandes benefícios. Tudo isso desenhado por Deus com propósitos. E os melhores benefícios obtemos quando envolvemos pessoas.

Mesmo que existam questões naturais que nos separam de pessoas, temos de compreender que isso não é saudável. Conforme a ordem de Deus, temos de estar unidos no amor de Cristo. A propósito, Deus amou o mundo incondicionalmente.

Abrigados em Deus

> *Os olhos do Senhor voltam-se para os justos e os seus ouvidos estão atentos ao seu grito de socorro.*
>
> Salmos 34:15

> *Os olhos do Senhor estão em toda a parte, observando atentamente os maus e os bons.*
>
> Provérbios 15:3

Essas referências bíblicas, entre tantas outras, provam o amor do Senhor e Sua incansável preocupação com nós. Se o ponto de partida está em Deus, tudo está Nele, pois Ele é o princípio e o fim.

Se vivermos desconectados de Deus, sofreremos abalos em nosso espírito. A única saída é recorrer a Ele. Ao olharmos para o céu e compreender que de lá vem nosso socorro, recuperamos nossas forças e somos motivados para superar todas as dificuldades não pela nossa capacidade, mas pelo amor de Deus a nosso favor.

Honrosamente, fomos constituídos em amor pela própria vontade de Deus. Só esse motivo já seria o suficiente para definirmos inúmeras razões para vivermos felizes. Nem mesmo as intempéries da vida podem nos afastar desse amor, pois Deus está acima de tudo e de todos, inclusive das adversidades que nos cercam e, mais que isso, todas elas estão subjugadas ao Seu nome.

Há, sem dúvida, um selo de autenticidade que nos garante a posição de eternos vencedores, pois, como Cristo venceu, com ele também venceremos. Logo, nos tornamos coerdeiros de todas as suas conquistas.

> *Se somos filhos, então somos herdeiros; herdeiros de Deus e coerdeiros com Cristo, se de fato participamos dos seus sofrimentos, para que também participemos da sua glória.*
>
> Romanos 8:17

Realmente, não há dúvida de que Deus tem uma identidade inquestionável, irrefutável, inabalável e eterna. É da vontade de Deus que façamos parte de tudo isso, pois fomos gerados segundo a Sua vontade. E tudo que o Criador diz a nosso respeito é que realmente tem maior valor e é o que nos convence sobre quem realmente somos.

Felicidade total

Qualquer pessoa que se considera bem-sucedida só consegue chegar a essa conclusão estando convencida de que é feliz. Evidentemente, ninguém pode ser vitorioso caso não seja feliz. Algumas considerações devem ser observadas para que haja clareza ao definirmos o que nos leva ao estágio de felicidade. Seriam os bens que alguém possui? Fazer o que gosta? Ter uma boa saúde? Ser bem-sucedido profissionalmente? Enfim, especificaríamos diversos pontos que realmente possam definir o nível de felicidade.

O Criador certamente tem a receita certa para atingirmos o melhor nível de felicidade que alguém possa desejar. É de substancial importância admitir que nada além dos valores divinos possa nos levar a alcançar o melhor grau satisfatório de felicidade.

A correta definição do que é a verdadeira felicidade é a certeza de que Deus é a principal fonte dela. Por outros meios, jamais encontraríamos caminhos que nos levariam a obter tal êxito.

> *Confie no Senhor e faça o bem; assim você habitará na terra e desfrutará segurança. Deleite-se no Senhor, e ele atenderá os desejos do seu coração. Entregue os seus caminhos ao Senhor; confie nele, e ele agirá: ele deixará claro como a alvorada que você é justo, e como o sol do meio-dia que você é inocente.*
> Salmos 37: 3-6

Nem precisamos investir muito tempo avaliando os desígnios citados para compreendermos que tudo aponta para nos levar à ampla felicidade, sem que haja a necessidade de nos esforçarmos para isso. Deus deliberadamente nos conduz em Suas orientações para desfrutarmos uma vida triunfante.

Trilhando o caminho para a felicidade

A respeito da felicidade, nossos maiores adversários são os problemas. O que fazer com eles? Talvez seja esse o questionamento de muitos. É certo que, quando resolvemos problemas, nos sentimos aliviados e motivados. Neste caso, o melhor caminho é começar a encarar os problemas crendo que serão resolvidos. E jamais devemos nos esquecer de que nossa melhor postura é ter fé.

Observe na passagem de Hebreus (11:6): "sem fé é impossível agradar a Deus [...]". Então vamos iniciar crendo, pois, agindo assim, desfrutaremos descanso em segurança.

É bem verdade que ninguém consegue ter um bom descanso se não tiver paz, não é mesmo? Conforme os referidos versículos de Salmos, o Senhor nos promete segurança, segurança também nos traz paz, e assim temos a certeza de que os ventos sopram a nosso favor. A partir daí, deleitamos no Senhor, assegurados de que realmente entregamos nossos problemas em Suas mãos e, consequentemente, Ele atenderá aos desejos de nosso coração.

Aqui, chegamos ao ponto crucial para qualquer pessoa em estado de aflição. Se temos nosso Senhor controlando nossa vida, navegamos em águas tranquilas, pois Ele sempre imerge seus intentos em nosso benefício.

Então, é assim que de fato funciona. Quando apresentamos nossos problemas a Ele, prontamente recebemos as melhores resoluções possíveis e imagináveis. Ele sempre provará Seu imenso amor por nós.

Agora, observe que a orientação é a de que entreguemos nossos caminhos ao Senhor, confiando Nele. Assim, Ele fará em nosso benefício tudo o que for necessário. Se as questões são simples ou não, isso não significa nada para Deus, pois Ele jamais deixará de nos abençoar. Em tempo algum Ele medirá nosso merecimento, pois, na condição de filhos, somos amados. Assim como todo pai é supridor de seus filhos, Deus sempre suprirá nossas necessidades, independentemente do que temos feito, se merecemos ou não.

Não seria uma prova de amor se um pai proibisse um filho de se sentar à mesa caso esse tivesse feito algo que o entristeceu, ou se uma mãe deixasse de lavar as roupas do filho porque ele a desapontou e, por isso, não merecesse ter suas roupas lavadas.

Os pais sempre desejarão suprir as necessidades dos filhos, pois tudo que uma mãe ou um pai faz é feito primeiramente por amor. A realidade de nossa vida diante de Deus é semelhante. Nós temos falhas e as cometemos o tempo todo. Contudo, mesmo assim, somos supridos e amados por Deus.

> *Se vocês, apesar de serem maus, sabem dar boas coisas aos seus filhos, quanto mais o Pai de vocês, que está nos céus, dará coisas boas aos lhe que pedirem!*
> Mateus 7:11

É claro que Jesus não está nos condenando quando diz que somos maus. Possivelmente, essa referência está ligada às nossas limitações e falhas, pois, mesmo Jesus dizendo que somos maus, também diz que sabemos dar coisas boas aos nossos filhos. E, assim, não desabona nossa condição de filhos, pois Deus nos dá o que pedimos devido ao Seu grandioso amor como Pai.

Na conclusão dos versículos anteriores, estão bem claras a infalibilidade e fidelidade de Deus. Tão certos quanto o surgimento de cada manhã são os benefícios provindos das mãos sempre abençoadoras daquele a quem chamamos de Pai.

Deus no comando

Quando tomamos conhecimento de quem Deus é e de quem somos, estreitamos nossa conexão com os provimentos celestiais, compreendemos os propósitos de suas riquezas e aprendemos como desfrutar suas dádivas.

É certo que tudo que recebemos de Deus é gratuito. Muitas coisas recebemos antes mesmo da posse. É como se tivéssemos recebido um cheque nominal e assinado. Mesmo não estando com o valor em espécie em mãos, ele já nos pertence. Tudo que recebemos de Deus já é nosso, basta nos apropriarmos das bênçãos, e isso recebemos por meio da fé.

> *Digo a verdade: Tudo o que vocês ligarem na terra terá sido ligado no céu, e tudo o que vocês desligarem na terra terá sido desligado no céu.*
>
> Mateus 18:18

Observe que foi o próprio Cristo que disse isso. Suas afirmações estão conjugadas no futuro do indicativo. Isto é, tudo o que ligamos ou desligamos já estará consumado antes mesmo de o evento ser efetivado. Então, concluímos que o que pela fé pedimos, assim recebemos.

Em nosso histórico de vida, constam registros do que perdemos e ganhamos, e as experiências adquiridas nos ajudam a seguir em frente, com segurança. Contudo, a garantia de sucesso jamais será sólida se depender das decisões pessoais, sem a integração do Altíssimo Deus nessas decisões. Em contrapartida, os que dependem de Deus em suas ações demonstram total sujeição com convicção. E as provisões de Deus nos suprem sempre em abundância.

Se tentarmos superar problemas com nossas próprias forças, certamente fracassaremos. Mas, quando envolvemos Deus, tudo muda. Não há outra maneira segura além de entregar tudo ao Senhor e descansar.

O caminho da vida conduz para cima quem é sensato, para que ele não desça à sepultura.
Provérbios 15:24

Será sempre sensato permitir que Deus conduza nossos caminhos e que Ele determine por onde devemos seguir. Assim, colhemos os melhores benefícios.

Filhos éticos

Tudo que se referir a nós certamente terá sua reputação. Qualquer assunto a respeito de nossa vida espiritual referência a vida de Deus, caso estejamos conectados Nele.

Certa vez, o apóstolo Paulo disse que não vivia mais sua própria vida, mas que Cristo estava vivendo nele, e que a vida que vivia era em espírito. Um total desprendimento, um posicionamento para quem teve todo o cuidado para não difamar o Evangelho de Cristo e nem mesmo se importava com os ataques que sofria. Então, tudo o que alguém for falar a seu respeito, que fale do Cristo ressurreto, e que ele seja o espelho em sua vida.

Todo cristão deve zelar pelo seu chamado, pois não haveria eleição sem que houvesse um desígnio. Se acaso você estiver sendo perseguido, alegre-se! Isso tem fundamento, desde que você esteja introduzido no propósito de Deus.

Escudo da paz

Podemos ser vítimas de ataques inesperados, julgamentos improcedentes, falsas acusações ou perseguições. Em relação a qualquer ataque que sofremos, e sendo esse contraditório às verdades bíblicas, devemos ter paz.

> *Abençoem aqueles que os perseguem; abençoem, e não os amaldiçoem.*
> Romanos 12:14

Pensando em perseguição, nossa carne não se agrada em nada com a orientação descrita. Ser perseguido e ter de abençoar nossos perseguidores não é fácil. Pois bem, esse é o modo de vida apresentado por Deus para que vivamos bem, e que também devemos fazer como o próprio Cristo tantas vezes nos ensinou.

> *Vocês serão traídos até por pais, irmãos, parentes e amigos, e eles entregarão alguns de vocês à morte. Todos odiarão vocês por causa do meu nome. Contudo, nenhum fio de cabelo da cabeça de vocês se perderá. É perseverando que vocês obterão a vida.*
>
> Lucas 21:16-19

Parece ser uma profecia muito forte, não é mesmo? Pois bem! Crendo no que a palavra nos ensina, não teremos surpresa se algo parecido nos sobrevier. Contudo, em Deus sempre sairemos vitoriosos.

A inquestionável ação de Deus em nosso benefício tem de ser real ao nosso entendimento e em nosso espírito. Assim, suas verdades nos fortalecerão contra flechas inflamadas, caso sejam lançadas contra nós.

Se Deus disse, é fato! O que nos conforta é que Ele sempre estará no controle de tudo. A questão analógica de que nenhum fio de cabelo da nossa cabeça se perderá, isso não nos isenta de sofrimentos. No entanto, Deus é nosso defensor e nossa paz.

Em Cristo perseveremos até o fim, sem nos desviar do caminho da verdade, que é bem seguro. Se somos perseguidos injustamente e sofremos agravos, mas se nos mantivermos em Cristo, estaremos sempre protegidos.

De fato, devido ao nosso amor por Cristo, seremos justificados em relação a qualquer coisa que digam a nosso respeito. E quanto aos nossos atos ilícitos, que tenhamos dignidade para sairmos vitoriosos e sempre envolver Deus em tudo. Seja você! Esteja com Deus e seja feliz! Vamos em frente!

CAPÍTULO 7

O Senhor das almas

Bendiga ao Senhor a minha alma! Bendiga o Senhor todo o meu ser!

Salmos 103:1

Agradáveis a Deus

Quão agradável é a sensação que sentimos quando abençoamos alguém e também quando somos abençoados! Pois, de fato, quando agimos com benevolência, agradamos a Deus.

Ser aprovados por Deus é algo que consideramos de grande relevância, pelo menos para os que valorizam uma melhor conexão com o Criador. No entanto, que em todas nossas ações estejamos cientes de que todas as boas virtudes provêm de Deus.

Se humildemente servimos a Deus, nunca buscaremos obter benefícios próprios pelos bons atos praticados. Se desejamos ser bem-vistos aos olhos do Altíssimo, basta que nossos atos sejam agradáveis a Ele. Por outro lado, se em nossos atos focarmos nosso próprio prazer, a soberba será nossa aliada.

Quando Deus criou o homem, ele estabeleceu princípios, e estes são direcionados para o bem-estar de todos. Estando nós conectados à vontade de Deus, desfrutamos da paz e enchemos nosso coração de alegria.

Deus e sua soberania

> *Depois Moisés pegou o óleo da unção e ungiu o tabernáculo e tudo o que nele havia, e assim o consagrou. Aspergiu sete vezes o óleo sobre o altar, ungindo o altar e todos os seus utensílios e a bacia com o seu suporte, para consagrá-los. Derramou o óleo da unção sobre a cabeça de Arão para ungi-lo e consagrá-lo.*
>
> Levítico 8:10-12

Essas orientações foram dadas por Deus no ato da consagração de Arão e seus filhos para os serviços no Tabernáculo. Tudo conforme as instruções de Deus. Isto é, nada do que foi feito teve qualquer escolha pessoal de Moisés.

Além de Arão e seus filhos, também foram ungidos o tabernáculo e todos os seus utensílios. Assim, todos foram abençoados, porque Deus os consagrou. E, hoje, o atual tabernáculo que Deus habita somos nós.

> *Vocês não sabem que são santuário de Deus e que o Espírito de Deus habita em vocês? Se alguém destruir o santuário de Deus, Deus o destruirá; pois o santuário de Deus, que são vocês, é sagrado.*
>
> I Coríntios 3:16-17

Vemos que houve a alteração do templo, mas as atribuições são as mesmas. A honra é a mesma, e a reverência também. Mesmo o antigo templo tendo sido feito por mãos de homens, foi o próprio Deus que deu todas as coordenadas para a construção. Sendo hoje o templo que Ele habita, nada nos dá o direito de fazer desse templo o que bem entendemos.

Quando Arão foi consagrado para os serviços, juntamente com seus filhos, tudo o que havia no tabernáculo também foi consagrado, inclusive as vestes sacerdotais. E hoje não é diferente. Tudo o que temos nos foi dado por Deus, e, como somos Dele, tudo que temos pertence a Ele.

O templo, no Antigo Testamento, foi feito por homens, mas pertencia a Deus. Tanto na construção como na utilização, era Deus que tinha total controle.

Da mesma forma, sendo nós o atual templo de habitação para Suas ações, ficamos totalmente sob Seu senhorio. Como somos templos de Deus, devemos ter zelo em preservar nosso corpo em santidade e com excelência.

Desejar que Deus nos use de maneira sobrenatural para abençoar outros deve arder em nosso coração. Devemos estar sempre dispostos a receber de Deus o que podemos dar, assim estaremos alinhados com a vontade Dele. Que legado maravilhoso você deixará por ter sido usado por Deus!

É necessário, para uma vida plena, vivermos comprometidos com a vontade de Deus. E devemos encarar tudo com responsabilidade, envolvimento, zelo, humildade e desprendidos de qualquer interesse pessoal.

Se nos orgulhamos de alguma coisa, que nos orgulhemos de Deus por tudo que Ele tem realizado, assim teremos paz e alegria. Sendo Deus o centro de nossas atenções, iremos cada vez mais longe, e a glória Dele será cada vez maior.

> *Do Senhor é a terra e tudo que nela existe, o mundo e os que nele vivem.*
>
> Salmos 24:1

Uma mente transformada

De fato, o curso da vida de alguém muda completamente quando passa a ter experiências com Deus. As ações soberanas nos provam quão pequenos e limitados somos. Ao mesmo tempo, provam o grande amor de Deus para conosco. As Suas intenções sempre objetivam nos abençoar. Que repousemos nossos pensamentos na dimensão em que Deus atua e desfrutemos grandes alegrias.

> *A noiva pertence ao noivo. O amigo que presta serviço ao noivo e que o atende e o ouve, enche-se de alegria quando ouve a voz do noivo. Esta é a minha alegria, que agora se completa. É necessário que ele cresça e que eu diminua.*
>
> João 3:29-30

Essa exemplar declaração de João Batista nos mostra a realidade que devemos viver. Alegremente, ele cumpriu o propósito de Deus e preparou o caminho do Salvador.

Os ideais verdadeiros

Antes, habitualmente pensávamos, planejávamos, sonhávamos e trilhávamos uma trajetória centrada em nosso bem-estar e em obter um estilo de vida que nos desse prazer. Porém, quando algo dava errado, era como uma tragédia, pois nunca estávamos preparados para decepções. Normalmente, nos preparávamos somente para usufruir das conquistas e deleitávamos nossos pensamentos no que dava prazer. Ser bem-sucedidos em tudo era uma questão de sobrevivência. Conquistar, conquistar e conquistar. Preencher nosso interior com realizações era essencialmente justo e correto. Até que algo saísse do curso, quando facilmente éramos afetados em nosso interior, como uma flecha que certamente encontra seu alvo central. Então buscávamos razões que justificassem os fracassos, e urgentemente nos centrávamos em encontrar soluções fáceis e emergenciais a todo custo. Assim era normalmente nosso comportamento. Vivíamos em um mundo que nós mesmos desenvolvemos para girar em torno de nossas vontades.

Além de minhas vontades

Quando tomávamos conhecimento de algo que dava errado para outras pessoas, isso não nos afetava tanto. Tratávamos como se fosse meramente obra do destino e julgávamos que os problemas do próximo nunca deveriam nos afetar. Cada um deveria responder por si mesmo.

No momento em que verdades bíblicas são reveladas em nosso espírito, iniciam-se alguns confrontos internos que nos levam a rever certos pontos. Às vezes, é necessário revisar algumas ações para nos ajustar aos trilhos.

> *Então o Senhor perguntou a Caim: "Onde está seu irmão Abel?" Respondeu ele: "Não sei; sou eu o responsável por meu irmão?" Disse o Senhor: "O que foi que você fez? Escute! Da terra o sangue do seu irmão está clamando".*
>
> Gênesis 4:9-10

Assim que consegui enxergar em meu espírito que essa pergunta feita por Deus a Caim também é aplicável a mim, passei a me preocupar mais com os outros. Existem pessoas que podem estar desesperadamente clamando por socorro, assim como Abel clamou até a morte. Portanto, entendo que é, sim, nossa responsabilidade nos preocuparmos com o próximo, pois, perante Deus, somos todos iguais, e os planos estabelecidos por Ele em benefício do homem estão disponíveis para todos. Assim como nós nos aproximamos de Deus por intermédio do Cristo revelado, as demais pessoas que ainda não O conhecem têm o mesmo direito.

Se esse é um conceito extremista, que assim seja, pois Deus se preocupa com todos, sejam bons ou sejam maus. A propósito, Cristo não veio ao mundo para os bons. Os que se consideravam bons não o receberam, mas o acusaram de blasfemo. Pois bem, essa é a realidade das pessoas que não se envolvem com Deus nem envolvem Deus em suas vidas. Quando alguém não reconhece que tem um Deus agindo a seu favor, toma suas próprias decisões. As pessoas que agem assim sempre acharão que elas são a própria fonte geradora de seus recursos. Sempre lutando em busca da felicidade sem se importar com o próximo.

Mente transformada

> *Que diremos, pois, diante dessas coisas? Se Deus é por nós, quem será contra nós? Aquele que não poupou seu próprio Filho, mas o entregou por todos nós, como não nos dará com ele, e de graça, todas as coisas?*
>
> Romanos 8:31-32

Esses versículos estão entre tantos outros que tratam desse assunto, isto é, Deus se apresenta como provedor de todas as nossas necessidades. Ao longo de nossa vida, podemos ter tido algumas experiências negativas que nos decepcionaram, seja com atitudes erradas que nós mesmos geramos, seja por circunstâncias naturais que fugiram de nosso controle, seja por decepções com pessoas, algo com que é mais difícil lidar. Porém, nunca nos decepcionaremos com Deus. Atentem que, tudo o que recebemos, recebemos com Ele, e não somente Dele.

Nenhuma mudança comportamental será efetivamente concretizada em nossa vida se não mudarmos primeiramente nossa consciência, que controla nossas ações.

> *Não se amoldem ao padrão desse mundo, mas transformem-se pela renovação da sua mente, para que sejam capazes de experimentar e comprovar a boa, agradável e perfeita vontade de Deus.*
>
> Romanos 12:2

É um alívio e refrigério quando referências como essa nos direcionam a uma transformação de conceitos quando necessário. Assim, nos convencemos de que qualquer estilo de vida determinado pelo mundo está subjugado à justiça e à soberania de Deus.

Então, só é possível experimentar as maravilhas de Deus com uma mente renovada. Está bem claro que Deus categoricamente afirma que Ele é a fonte verdadeira de suprimento de todas as coisas. Assim, como nossa vida pertence a Ele, tudo o que temos também O pertence, e tudo o que desejamos devemos apresentar a Ele, que justamente nos proverá.

Uma paz convicta

Muitas decisões em nossa vida só devem ser efetivadas se tivermos paz. Quando realizamos qualquer coisa que em algum momento nos traz algum desconforto, geramos uma expectativa duvidosa e, assim, não sabemos se dará certo ou não. Somente teremos uma clara definição do sucesso quando estivermos em paz. Em paz é o melhor estágio para enfrentarmos e superarmos qualquer situação adversa.

Quando mudamos nossa mente em Cristo, mudamos nosso comportamento e obtemos novas experiências, e assim atingimos o grau de satisfação tão almejado. É fácil definirmos essa questão: basta olhar para o passado sem Deus e observar agora, tendo o Senhor direcionando nossa vida e que, de modo harmonioso, tem nos conduzido em paz. Nele, nós encaramos situações difíceis e obtemos vitórias. Em qualquer resolução de alto grau de dificuldade, recorremos ao socorro do alto, e tudo muda. Se nossas ações estiverem fundamentadas nos princípios bíblicos, seremos conduzidos ao caminho da vitória.

> *E a paz de Deus, que excede todo o entendimento, guardará o coração e a mente de vocês em Cristo Jesus.*
>
> Filipenses 4:7

É simplesmente arrepiante! Só a paz de Deus excede todo entendimento. Isto é, ela está fora da nossa compreensão natural. É tão contemplativa que tem o poder de proteger nosso coração do engano e de elevar nossa mente em Cristo. Isso é uma transformação divina, é plenamente graça.

Todos os esforços humanos caem por terra diante dos planos de Deus, que são maiores. Qualquer sofrimento humano é aliviado quando repousamos no Senhor.

Em todo nosso sucesso, devemos exaltar Deus. Todas as nossas realizações devem estar de acordo com a vontade do Altíssimo; caso contrário, em algum momento sofreremos danos, pois as concupiscências de nosso coração nos frustrarão em algum momento. Sempre será lícito obter realizações, conquistas e felicidade, porém, que a fonte geradora seja sempre Deus.

Quando apresentamos nossas necessidades e nossos sonhos a Deus, Ele nos dará tudo que pedimos em boa medida, e nosso coração não se inflamará. De fato, recebemos bênçãos gratuitamente e sabemos que tudo pertence a Ele. Ao passo que, se conquistamos coisas com nossos próprios méritos, isso pode se tornar concupiscência. Ações assim representam uma desconexão com a vontade de Deus.

Obtemos conquistas de diversas maneiras, mas nem sempre nos sentimos felizes. A verdadeira felicidade em obter algo se contempla quando recebemos de Deus. Caso contrário, só nos sentiremos felizes no ato de cada conquista, tendo a necessidade insaciável de obter mais e mais para suprir uma carência sem fim; isso enquanto, em Deus, não conquistamos, mas recebemos gratuitamente e em abundância.

Vejamos o exemplo de Salomão. Ele tinha muita riqueza, mas Deus estava acima de tudo. Quanto mais ele recebia, maior era o valor de Deus na vida dele. As riquezas materiais não abalavam seu relacionamento com Deus tanto que, ao apresentar mil sacrifícios, Deus disse que ele poderia pedir tudo o que queria, e assim seria atendido. Contudo, ele pediu sabedoria (2 Crônicas 1).

Justificados em Cristo

> [...] sendo justificados gratuitamente por sua graça, por meio da redenção que há em Cristo Jesus.
>
> Romanos 3:24

Ora, se fomos justificados gratuitamente, isso por meio da redenção de Cristo, é plenamente compreensível que tudo que recebemos é dádiva de Deus. Não tem como Deus produzir em nosso favor uma graça parcial. Portanto, a plenitude de nossa vida faz parte da plenitude da vida de Deus. Seremos sempre munidos das ações celestiais, caso Deus tenha o pleno acesso para fazer em nós tudo o que Ele deseja.

Vimos anteriormente que Salomão atraiu a atenção de Deus ofertando a Ele o que somente o Senhor é digno de receber. Em contrapartida, Deus supriu todas as necessidades de Salomão e disse que jamais haveria ninguém tão sábio quanto ele. Nós atraímos a atenção de Deus quando honramos a Ele com o que fazemos, e assim reconhecemos Sua soberania sobre nós.

Finalizo este capítulo certo de que Deus tenha invadido sua mente e penetrado em seu coração, tocando seu espírito para mudar todo o conceito que necessariamente tem de ser mudado, para que, sem reservas, suas ações sejam plenamente aprovadas por Ele, e assim o Senhor te encherá de poder e unção.

Quando Deus derrama graça sobre você, em ti cresce a disposição em receber mais e mais, e, por fim, sempre o Senhor será honrado e glorificado em sua vida. Deus abençoe!

CAPÍTULO 8

Olhos de águia

[...] *mas aqueles que esperam no Senhor renovam as suas forças. Voam bem alto como águias; correm e não ficam exaustos, andam e não se cansam.*

Isaías 40:31

Experiências divinas

Como é bom recordar os momentos marcantes da vida que deixaram um bom legado e que nos trouxeram uma alegria que jamais será apagada. Evidentemente, sempre almejamos viver grandes momentos, e que esses venham a ser agregados ao nosso rol de grandes realizações.

De fato, todos nós somos impulsionados para novas experiências, sempre objetivando obter sucesso em tudo que definimos como valores.

Os valores da vida podem ser atribuídos variavelmente de acordo com a ótica de cada um. O que é de grande valor para uns pode não ser para outros. Possivelmente, muito do que valorizamos um dia pode não mais ser tão importante hoje, ou até mesmo o que já desprezamos antes pode ser útil no presente. E não podemos nos esquecer de que há coisas na vida cujo valor só reconhecemos quando as perdemos.

Os maiores valores da vida, sem dúvida, são aqueles estabelecidos por Deus, como a unção que recebemos Dele, e esta é ativada no ato do relacionamento entre Deus e o homem.

A unção, quando a recebemos, produz em nós uma experiência nova que podemos chamar de "poder revelado". Por conseguinte, tudo que é revelado por Deus nos direciona a novas aptidões.

> *Espero pelo Senhor mais do que as sentinelas pela manhã; sim, mais do que as sentinelas esperam pela manhã!*
>
> Salmos 130:6

> *Satisfaze-nos pela manhã com teu amor leal, e todos os nossos dias cantaremos felizes.*
>
> Salmos 90:14

Esses dois versículos mostram que o salmista ansiava ter experiências diárias com o Senhor, e de fato tinha. Pois bem, se nas maiores experiências que você já teve, Deus tem sido a fonte geradora, parabéns! Essas jamais serão apagadas.

Tudo que gira ao nosso redor tem a tendência de seguir em processo evolutivo para melhor aperfeiçoamento, e isso só terá valor se estiver conectado ao maior potencial de influência que conhecemos: a incrível vida de Jesus Cristo, onde seus ensinos influenciadores jamais serão apagados.

Todo aquele que tem Cristo revelado é transladado a uma dimensão sobrenatural e incompreensível, mas real.

Sem Deus, sem rumo

Situações negativas podem levar pessoas à baixa autoestima e, nesse estágio, o pior cenário é quando elas chegam ao conformismo. Nesse estado, muitos acham que as decepções da vida são obras do destino e que não são merecedores de ser felizes.

Quando observamos pessoas desfrutando grandes privilégios da vida, não devemos julgar que há um desnível de merecimento. De certo, somos todos iguais aos olhos de Deus e beneficiários de suas riquezas.

Quando o Criador estabeleceu a vida humana na Terra, o homem não tinha a capacidade de construir nada. Era totalmente dependente de Deus. Inclusive, suas primeiras vestes legítimas foram as que Deus fez, pois o homem foi incapaz de se vestir corretamente. Compreendemos, então, que os valores primordiais são os que Deus introduz no interior do homem, e não no exterior. Os valores internos sempre estarão acima dos valores externos. Os externos podem indicar o que cada um tem; os internos indicam o que cada pessoa é. Contudo, após uma transformação de vida em Cristo, passamos a compreender que em ambos os casos Deus nos leva ao equilíbrio.

> *Não julguem apenas pela aparência, mas façam julgamentos justos.*
> João 7:24

O justo julgamento

Se julgarmos pessoas por serem más ou boas, que façamos conforme o juízo de Deus, e não consideremos nosso próprio julgamento. Só assim estaremos atribuindo o justo julgamento, sendo este fundamentado na palavra de Deus.

Se há uma transformação na vida de alguém, é certo que o potencial de Deus revela seus valores. Quando temos nossa vida mudada por Deus, reconhecemos que pessoas não são tão ruins como julgávamos, e compreendemos isso claramente quando, de fato, nos lembramos de quem éramos. E assim passamos a aceitar as pessoas como elas são e reconhecemos que não somos melhores que ninguém.

Quando Deus revelou quem Ele é por intermédio do Seu filho, também nos foi revelado quem somos perante Deus. Por isso, somos todos iguais aos Seus olhos, e amados pelo mesmo amor e beneficiados pelos mesmos propósitos. Deus nivela o que antes desnivelamos. Compreendemos agora que fomos todos feitos à imagem e semelhança de Deus, sem ressalvas, distinções ou méritos maiores. Deus amou o mundo, e Seu maior triunfo em benefício de todos foi ter enviado Seu filho como Salvador.

Aprendendo a amar

> *Assim conhecemos o amor que Deus tem por nós e confiamos nesse amor. Deus é amor. Todo aquele que permanece no amor permanece em Deus, e Deus nele.*
>
> *I João 4:16*

Quando me foi revelado o amor de Deus, reconheci que eu precisava urgentemente de Seu amor em minha vida. A partir daí, consegui voltar para o ponto ideal e ver as pessoas com a mesma ótica de Deus. Sem esse ajuste, ficaria impossível viver em conformidade com os propósitos Dele.

É saudável que cada um faça uma avaliação de si mesmo. Eu, por exemplo, me considerava uma pessoa muito boa e estava satisfeito comigo mesmo. Sempre valorizava uma boa conversa, ter bons relacionamentos e achava que todos deveriam reconhecer meus bons valores, pois eu me julgava dotado de algumas particularidades diferenciadas. Mas, na verdade, era pura vaidade, orgulho e soberba. Não sabia, até então, que o amor deve estar acima de tudo.

O amor de Deus é para todos, independentemente do que somos, do que fazemos e temos feito; independentemente da cor de pele e posição social. Todos nós somos beneficiados pela mesma graciosa ação divina do único Deus, o Criador do céu e da Terra.

Olhos relutantes

Antes de ter o Cristo revelado, tudo que meus olhos viam eu considerava como uma incrível obra do acaso. Isso mesmo, eu aceitava princípios de que tudo que existia na Terra havia surgido evolutivamente. Eu apreciava tanto a teoria do evolucionista Charles Darwin quanto a teoria da relatividade de Albert Einstein e as considerava como verdades inquestionáveis. Quando algum cristão ousasse me confrontar, havia um belo debate, e eu sempre relutava, pois a realidade de Deus ainda não tinha sido revelada em mim. Após a minha conversão, tudo mudou; caíram as escamas que cegavam meu entendimento para a realidade divina em relação à vida.

Veja a vida do apóstolo Paulo. Ele teve sua visão recuperada depois de ter ficado três dias sem enxergar, passando a ver as pessoas de modo diferente. Quando Deus Se revelou, Paulo passou a considerar as pessoas conforme o olhar de Deus. Antes, ele tinha um coração cheio de ódio em relação aos cristãos; depois, passou a defendê-los. A partir daí, seu coração se encheu de compaixão e amor por todos, e ele passou a ver as pessoas como Deus vê e amar como Deus ama.

Pois bem, tudo que antes para mim era verdadeiro caiu por terra diante das verdades bíblicas. A partir daí, pude ver e aceitar que Deus criou todas as coisas e compreendi sua autoridade soberana. Subjugo minhas razões em face às maravilhas de Deus. Não tem como não reverenciar tudo que Deus cuidadosamente criou com grandes propósitos. Prova disso é o que a própria Escritura diz: "tudo que tem fôlego louve ao Senhor" (Salmos 150:6).

Pela palavra, Deus fez surgir todas as coisas. Quando Ele nos criou, cuidadosamente nos esculpiu com Suas próprias mãos, e não em palavras. De Sua própria vida, soprou nas narinas do homem, dando vida, finalizando assim Sua maior criação entre tudo que Ele já tinha feito. E assim Deus deu ao homem autoridade, inclusive para dominar sobre todos os seres vivos que tinham sido criados.

> *Então disse Deus: "Façamos o homem à nossa imagem, conforme a nossa semelhança. Domine ele sobre os peixes do mar, sobre as aves do céu, sobre os grandes animais de toda a terra e sobre todos os pequenos animais que se movem rentes ao chão".*
>
> Gênesis 1:26

É sem dúvida uma grande honra ter recebido autoridade sobre todos os demais seres e representar Deus sendo nós Sua única semelhança.

Destinados para a vida plena

> *[...] e conhecer o amor de Cristo que excede todo conhecimento, para que vocês sejam cheios de toda a plenitude de Deus.*
>
> Efésios 3:19

Nenhuma criação além de nós tem a capacidade de compreender tudo o que Deus criou. Deus não nos daria a capacidade de dominar se não nos déssemos esse potencial.

Olhe para você e veja quem você realmente é! Sem dúvida, você verá a maior obra-prima já criada.

Uma vez que os propósitos de Deus são revelados em nós, temos paz e desfrutamos ações sobrenaturais a nosso favor.

Deus no controle

Estando Deus no controle de todas as coisas, automaticamente temos paz. Além disso, passamos a nos desprender das riquezas naturais deste mundo, que tinham um potencial de nos escravizar. Na nova vida, passamos a valorizar as riquezas celestiais, que são incorruptíveis e eternas, e nelas temos plena alegria.

É louvável quando, pela manhã, ao acordar, contemplamos o Senhor pelo que Ele é e por tudo que tem feito a nosso favor. Valorize a primícia de seu dia, reverencie o Altíssimo Criador.

Antes de minha conversão, os valores da vida eram os que eu mesmo considerava. Hoje, não tenho dúvida. Sou o que Deus determinou que eu seja. Não vejo mais a vida com minha ótica natural, mas com a ótica Dele. O que Deus sempre deseja é que todos sejamos fontes de expressão de Sua glória. Quando compreendemos como Deus nos vê, temos a clareza de que Ele é Deus de propósitos.

É certo que nossos olhos não projetam o que eles mesmos produzem. Eles projetam o que o nosso interior revela. Se há vida de Deus se movendo dentro de nós, nossos olhos produzirão o que o Espírito de Deus deseja revelar. Em contrapartida, se não houver vida de

Deus ativa em nós, projetamos o que nós mesmos criarmos, fundamentados em nossas razões, nossos conceitos, pensamentos e, enfim, tudo que move nosso emocional e nossos interesses.

Cabe então uma alta análise para avaliarmos quais são as imagens que estão sendo projetadas no espelho ótico de nossa vida. Devemos estar convictos do que Deus revela, e não do que nós mesmos projetamos. Portanto, temos de desejar o que Deus deseja e produzir o que Deus produz, assim estaremos no centro de Sua vontade, sentiremos isso e refletiremos os atributos de Deus, pois estaremos plenamente com nossa mente transformada.

Quando o homem obteve vida, Deus apresentou a ele tudo que tinha feito para seu benefício. Semelhantemente, quando um bebê vem ao mundo, mesmo não entendendo nada, recebe tudo que é necessário para uma vida plena.

Ao formar o homem, Deus já tinha feito os céus e a Terra e organizou tudo para que funcionasse harmoniosamente. Em relação aos alimentos, eles surgiram após a criação do homem. Isso nos ensina que Deus vem com a provisão no momento certo.

> *Ora, o Senhor Deus tinha plantado um jardim no Éden, para os lados do leste; e ali colo-*

> cou o homem que formara. Então o Senhor
> Deus fez nascer do solo todo tipo de árvores
> agradáveis aos olhos e boas para alimento.
>
> Gênesis 2:8-9

O cuidado de Deus foi tão incrível, que Ele pegou o homem com Suas mãos e o colocou no lado leste do jardim, ou seja, no melhor lugar, exatamente onde Deus tinha feito surgir as árvores que deram bons frutos. Podemos conectar esses possíveis fatos com a realidade das ações de Deus em nossa vida hoje. Bem sabemos que Ele supre todas as nossas necessidades e nos dá o melhor para nosso benefício.

A águia, após 35 anos de vida, tem a necessidade de trocar suas garras, seu bico e suas penas, fazendo tudo isso em um novo ninho, que ela constrói em um penhasco mais alto que o anterior. Após ter sido totalmente restaurada (agora com mais experiência), vê o mundo em uma posição diferente da anterior.

É importante lembrar que, durante aproximadamente 150 dias dessa transformação, ela é alimentada por outras águias. Uma ajudando a outra até atingir seu grande objetivo: se preparar para a nova fase da vida, vendo o mundo por outra ótica. Nunca desista.

CAPÍTULO 9

Vigilantes do templo

Estejam vigilantes, mantenham-se firmes na fé, sejam homens de coragem, sejam fortes.
1 Coríntios 16:13

Do homem para Deus

Nossa conexão com Cristo nos rende um posto de honra, e uma nova dimensão ao nosso redor é revelada. O mundo já não é o mesmo como antes; fatos que não tinham valores destoam impetuosamente, e outros fatores que herdaram grandes destaques perderam o brilho. Nossa visão em relação ao mundo ganha outra grandeza, pequenos detalhes antes fuscos ressurgem aos nossos olhos, e descobrimos quão grande é o Deus criador.

Como é maravilhoso tudo que Deus criou, e como é esplêndida a ação do Espírito Santo dentro de nós! Nessa conexão com o Criador, são desvendados valores que antes não éramos capazes de enxergar. E o maior valor entre todos é a nossa própria vida diante de Deus conectada ao Seu Espírito.

Ressoe o mar e tudo o que nele existe, o mundo e os seus habitantes! Batam palmas os rios, e juntos, cantem de alegria os montes; cantem diante do Senhor, porque Ele vem, vem julgar a Terra; julgará o mundo com justiça e os povos, com retidão.

Salmos 98:7-9

Pois bem, após meditar profundamente nos versículos citados, que enchem nossos olhos de alegria, tento montar as peças e equacionar cada citação dos referidos versículos, pois eles começam como uma entonação bem poética e terminam com a árdua afirmação de julgamento. De fato, mesmo aos que creem e aos que não creem, tudo será consumado. Basta viajarmos em inúmeros pontos da *Bíblia*, principalmente no Novo Testamento, e observamos a veracidade dos fatos. Além disso, o curso do mundo e todas as tendências se adéquam perfeitamente a tudo o que a *Bíblia* tem previsto.

As referências começam com júbilo e terminam com julgamento. Essas questões estão relacionadas a nós, e definitivamente, no que se refere aos habitantes da Terra, estamos bem encaixados, pois nada foi feito congênere a Ele senão nós. Esses versículos são recados dados. "Aquele que tem ouvidos, ouça!" Evidentemente, podemos e devemos fazer melhor que as montanhas e os rios. Tudo que Ele criou reflete Sua grandeza.

Em muitas referências bíblicas, há diversas menções de que Deus galardoa as obras. A propósito, seremos julgados por elas, isto é, pelo que fazemos, e não pelo que somos. A respeito de quem somos, para Deus, é fato consumado desde o princípio: nos tornamos filhos herdados para nos relacionar com o Criador, e essa questão está sentenciosamente definida.

Invariavelmente, tudo na vida de quem está em Cristo tem fundamento. O que Deus tem predeterminado para nós (mesmo com nossas limitações) será perfeitamente realizado em cumprimento aos seus propósitos.

A respeito de nossa vida humana, existe um ciclo (nascer e morrer), contudo, em relação à vida espiritual, a realidade é bem diferente, visto que Deus nos criou para a eternidade.

No princípio, Deus decidiu nos criar a Sua semelhança, para perfeitamente nos relacionar com Ele. De fato, não teria fundamento nossa existência se não fosse para vivermos em intimidade com o Criador. É indiscutível a grandiosidade de Deus em nossa vida.

Essencialmente, devemos nos moldar aos padrões de Deus, ou enfadamos na tentativa de adquirir alguma posição de alta suficiência, e nesse caso, essa tentativa será vã.

O local da habitação de Deus

> *Vocês não sabem que são santuário de Deus e que o Espírito de Deus habita em vocês? Se alguém destruir o santuário de Deus, Deus o destruirá; pois o santuário de Deus, que são vocês, é sagrado.*
>
> 1 Coríntios 3:16-17

No Antigo Testamento, o santuário era o local onde havia a presença de Deus. Ali o povo cultuava a Deus, apresentava sacrifícios, e o Senhor Se manifestava por intermédio do Sumo Sacerdote, que entrava nos Santos dos Santos, onde havia a Arca da Aliança. De acordo com o versículo citado, Deus habita no interior de Seus filhos e se manifesta por meio de Seu Espírito. Na qualidade de templo, cabe a nós preservar dignamente o templo da nova aliança pertencente a Deus, que somos nós.

Em Deus, somos semelhantes a um bom vigilante, que segue rigorosamente as ordens de seu Senhor. Devemos dilatar nossa sensibilidade diante de Deus em todo tempo, com reverência, alegria e júbilo. Se destoarmos desse princípio de conduta, da mesma forma seremos julgados. No entanto, tendo o Espírito de Deus habitando em nós, somos capacitados para boas obras, pois estaremos conectados aos seus desígnios.

Quando somos designados por Deus para o serviço, estará sempre presente a poderosa ação do Espírito a nosso favor, gerando convencimento em nosso espírito e revelando qual é nosso lugar no coração de Deus.

Se alguém se afasta de Deus, um vazio interior invade sua alma, indicando um desconforto íntimo. Quando saímos da posição em que Deus nos colocou, ficamos totalmente vulneráveis, iniciando-se uma decadência emocional e espiritual.

Como lidar com a ansiedade?

Segue uma pergunta que você não terá dificuldade alguma em ser breve na resposta. Você já ficou ansioso por algo que te trouxe algum tipo de desconforto emocional e que talvez você nunca esqueça? Se sim, você compreende que a ansiedade não é algo fácil de superar.

A ansiedade, na maioria das vezes, quando nos afeta, não é produzida por fatores positivos, mas negativos. Quando positivos, somos beneficiados e naturalmente não escondemos a alegria, e nossas expressões verbais demonstram uma boa atmosfera emocional.

Por outro lado, a ansiedade que sentimos com o aparecimento de fatos negativos nos traz preocupações e facilmente nos causa algum tipo de dano. Quando algum problema surge repentinamente, pode não ser fácil de controlar e, se ela progredir para um estágio contínuo, pode até gerar diversos problemas de saúde, como insônia, perda ou excesso de apetite, irritabilidade, elevação da pressão arterial, surgimento ou elevação da diabete, entre outros fatores.

Veja o que significa ansiedade segundo o dicionário *Michaelis*: "sofrimento físico ou psíquico, aflição, agonia, angústia, ânsia, nervosismo".

Na questão espiritual, os danos também são consideravelmente preocupantes, podendo afetar nosso nível de relacionamento com pessoas e até com Deus, causando, assim, esfriamento espiritual, desinteresse pela oração e leitura da palavra e ausência aos cultos e demais reuniões que habitualmente fazem parte de nossa rotina espiritual.

A *Bíblia*, por ser nosso manual de vida, certamente nos ensina como lidar com a ansiedade. Pois, sendo Deus o autor de nossa existência, Ele sabe perfeitamente tudo o que sentimos ou pensamos.

> *Não andem ansiosos por coisa alguma, mas em tudo, pela oração e súplicas, e com ação de graças, apresentem seus pedidos a Deus.*
> Filipenses 4:6

Se há uma recomendação para não andarmos ansiosos por nada, certamente é porque isso não é saudável. O que compreendemos aqui é que ficamos ansiosos por insegurança quando necessitamos de algo extremamente necessário. Contudo, conforme instruções, ficar ansioso não é o caminho para que tenhamos nossos pedidos atendidos, mas por meio da oração e em gratidão. Isso é incrível!

Além dessas questões, ficamos ansiosos quando algo de errado acontece, e desejamos uma rápida solução e do melhor modo possível. Nesse caso, devemos nos lembrar de que Deus está no controle de todas as coisas.

Ele, a todo tempo, está nos observando atentamente e nos socorrerá no momento certo. Porém, se nas aflições optarmos por resolver qualquer questão do nosso modo, ficaremos vulneráveis ao fracasso.

Sofremos quando agimos isoladamente, sem permitir que Deus tome partido de nossas decisões. Por isso, se faz necessário sermos vigilantes diante das orientações divinas, para que nossas atitudes estejam de acordo com a vontade do Mestre.

Quando alguém entrega sua vida a Deus, esta passa a não lhe pertencer mais, mas, sim, ao atual Dono, tendo Ele a total autoridade para fazer conforme Lhe convém. Então, como podemos nos entregar a Ele e, ao mesmo tempo, determinar nossas ações? Faremos agora de nossas vidas o que acharmos melhor? É claro que não tem fundamento! Reflita e seja feliz em Deus!

CAPÍTULO 10

O Mestre e a obra

Portanto, quem ouve estas minhas palavras e as pratica é como um homem prudente que construiu a sua casa sobre a rocha. Caiu a chuva, transbordaram os rios, sopraram os ventos e deram contra aquela casa, e ela não caiu, porque tinha seus alicerces na rocha.

Mateus 7:24-25

Onde está Deus?

Durante boa parte do desenvolvimento deste livro, o mundo passava por uma experiência que nossa geração ainda não tinha enfrentado. O surgimento de uma pandemia causada pelo vírus coronavírus SARS-CoV-2, responsável pela Covid-19 chacoalhou as bases das sociedades em todo o mundo. O que mais se veiculava em diversos meios de comunicação estava direcionado a um vírus invisível, que foi noticiado pela primeira vez em dezembro de 2019, na cidade chinesa de Wuhan, que teria sido o local do início dos primeiros contágios que em poucos meses se espalhou por todo o mundo. A partir daí, iniciou-se uma frenética corrida envolvendo profissionais da saúde e autoridades governamentais de todo o mundo com o objetivo emergencial para conter, curar e prevenir a todos em face do mais agressivo vírus atuante em nosso meio.

Nitidamente observamos nas pessoas que os fundamentos emocionais e espirituais foram afetados em escala preocupante em razão da pandemia. Porém, enquanto todas as atenções da humanidade estavam direcionadas ao vírus, poucos se voltavam para Deus, como se

Ele não soubesse do ocorrido e nem resposta ou solução teria para isso.

Não há momento melhor para refletirmos sobre tudo que gira em torno de nossa vida do que nos momentos de turbulências, e é certo que nem sempre estamos preparados para o pior. Ora, como Deus é onisciente, certamente sabia tudo sobre esse vírus antes mesmo de seu surgimento. E, pela sua onipotência, também tem poder para impedir e extinguir qualquer proliferação viral. Portanto, se sabemos que Deus está no controle de todas as coisas, por que muitos se abalam quando chega a dor? Refletir sobre alguns conceitos se faz necessário sempre que algo em nossa vida sai da curva.

Diante das adversidades, sentiremos paz se nossas ações estiverem fundamentadas nos princípios bíblicos. A palavra de Deus é inabalável e, se estivermos firmes em seus preceitos, seremos protegidos e confortados.

No princípio era aquele que é a palavra. Ele estava com Deus, e era Deus.

João 1:1

Pois bem. Seria plenamente confortável se Deus fosse consultado no ato do surgimento do vírus; pelo menos para aqueles que se consideram filhos de Deus, não é verdade? Sempre quando qualquer filho se sente aflito, e tendo um pai presente, recorrerá a ele na certeza de que encontrará segurança e conforto. O pai sempre será, ou pelo menos deve ser, o lugar de nosso imediato socorro como fonte de confiança.

Diante de qualquer pandemia, não é difícil encontrar pessoas abaladas emocionalmente. Contudo, se nosso socorro vem do alto, para onde mais devemos direcionar nossos olhos? Antes de qualquer vírus, Deus já existia, e pela Sua soberania tem poder contra qualquer mal, e nenhum vírus tem poder de abalar os Céus.

Os planos de Deus são inabaláveis e sustentados em princípios que Ele mesmo criou. Se acaso você tenha saído da posição que Deus te colocou, tenha certeza de que Ele preservou o lugar que te pertence. Os planos individuais de Deus são intransferíveis como se fosse um título nominal.

Deus nunca se arrependeu de seus planos, dos quais, você faz parte. Não é um vírus que fará Deus mudar de posição a seu respeito. Toda obra que o Mestre projetou será executada.

Vestes sacerdotais

Observem como crescem os lírios. Eles não trabalham nem tecem. Contudo, eu lhes digo que nem Salomão, em todo o seu esplendor, vestiu-se como um deles. Se Deus veste assim a erva do campo, que hoje existe e amanhã é lançada ao fogo, quanto mais vestirá vocês, homens de pequena fé!

Lucas 12:27-28

Jesus tranquiliza a todos para não ficarem preocupados com valores pessoais. Naquela época, a roupa indicava nitidamente o nível social e a autoridade que cada um tinha. Estar muito bem-vestido era algo altamente almejado. E a referência dada a Salomão é muito bem apropriada, pois a própria história registrada revela que Salomão era muito sábio e suas vestes eram singulares. No entanto, Salomão não direcionava seus olhos para o valor das roupas que usava, mas, sim, ao Deus que ele servia, e assim ele vivia em plena paz e com sabedoria.

Quando olhamos para o alto e recorremos a Deus, sabemos que Ele sempre está ao nosso lado e, assim, devemos obedecê-Lo. Então, ponha sua melhor roupa como se estivesse indo a uma grande festa. O banquete está pronto, e você é o convidado de honra. A propósito, a questão aqui são vestes sacerdotais. Isso mesmo! Essas vestes não se compram, se ganham!

Se Deus veste os lírios do campo, imagine nós, que somos filhos? Que vestes receberemos? Sem dúvida há uma alta valorização de Deus ao homem, e mesmo sendo chamados de homens de pouca fé, isso não muda o intuito de Deus em nos vestir com as melhores vestes.

> *O Senhor reina! Vestiu-se de majestade; de majestade vestiu-se o Senhor e armou-se de poder! O mundo está firme e não se abalará.*
> Salmos 93:1

Ora, se o Senhor reina e Se veste de majestade, como devemos nos vestir? Se você é convidado para uma festa, certamente colocará a melhor roupa em honra ao anfitrião. E quanto aos filhos? Qual roupa eles usariam? Evidentemente, as melhores também.

Não obstante, as vestes espirituais devem ser as mais belas, pois o que nos conecta ao Altíssimo é o que está em nosso interior. O espírito bem revestido proporciona uma conexão mais afetiva, e certamente tomaremos posições de destaque e de honra.

Executando a obra

Não tenha nenhuma dúvida! O que Jesus edificou em três anos e meio teve como objetivo refletir nos nossos últimos dias. Por outro lado, o sistema desse mundo já está condenado e subjugado.

Sabemos que somos de Deus e que o mundo todo está sob o poder do Maligno.
1 João 5:19

O mundo, de fato, está sob o poder do Maligno, porém nós estamos sob o poder de Deus. O domínio do

Maligno não subsistirá. No entanto, Deus e todos Seus feitos perdurarão para sempre. E quando o Arquiteto Divino projetou a vida humana, introduziu-nos em algum ponto de sua obra para alguma finalidade importante. Se fôssemos materiais de uma construção, certamente seríamos os melhores. Quando um mestre de obra determina quais materiais serão utilizados, seleciona os de melhor qualidade, para garantir a boa funcionalidade duradoura. Semelhantemente, Deus coloca pessoas certas nas funções às quais cada um se ajusta perfeitamente.

Vamos denominar essas funções de dons. Exatamente, dons que adquirimos gratuitamente pelo próprio Deus. Esses dons têm suas funções bem definidas, para o bom uso na edificação do projeto final de Deus para cada geração.

Cada um exerça o dom que recebeu para servir os outros, administrando fielmente a graça de Deus em suas múltiplas formas.

1 Pedro 4:10

Observe que cada um recebeu o dom com o propósito de servir. Há um trabalho a ser feito, e sem o dom provindo de Deus não seríamos capazes de exercer nossas funções atendendo plenamente a sua vontade. E, com os dons que recebemos, recebemos também a capacidade para administrar a graça de Deus, em múltiplas formas, conforme os planos Dele.

A obra de Deus está sendo executada. Uma pergunta é válida: onde nos encaixaríamos nela? O tempo passa muito depressa, não é verdade? Um dia, nos apresentaremos diante de Deus para o acerto de contas.

> *Pois todos nós devemos comparecer perante o tribunal de Cristo, para que cada um receba de acordo com as obras praticadas por meio do corpo, quer sejam boas quer sejam más.*
> 2 Coríntios 5:10

A própria *Bíblia* afirma que um dia compareceremos diante do tribunal do Cristo. Que evento! Não seremos julgados para a salvação, que, a propósito, já recebemos gratuitamente quando aceitamos Jesus como nosso salvador. Mas compareceremos para receber a premiação pelas obras que executamos. Atentem que são obras executadas por meio do corpo, correto?

Fomos criados símiles a Deus e somos peças certas para funções corretas. Como Deus projetou tudo, não haverá erro, pois Seus planos são perfeitos. No fim, na consumação de toda obra, a vontade de Deus prevalecerá. No entanto, que nos motivemos no Senhor e ansiemos pela revelação de nosso papel como edificadores.

Ninguém poderá ser suficientemente feliz se estiver fora dos planos de Deus. Temos o DNA de Deus e, por isso, deve pulsar dentro de nós o que pulsa Nele, firmando assim uma conexão plena de vida.

Deus é a suficiência da vida humana, e qualquer teoria contrária subjuga-se à sua própria inutilidade. Temos valores porque os preceitos de Deus estão muito bem introduzidos em nós. Sendo nós projetados e alicerçados por Deus, faremos parte de uma grande edificação. Ele em nós e nós Nele. E se houver alguma virtude, é porque Deus cumpriu seu plano, aos quais fomos introduzidos.

Enfim, penso que por hora é só, pelo menos para esse assunto, pois há um brandir em meu espírito. De fato, ninguém tem algo para alguém que primeiramente não tenha recebido. Uma reflexão é necessária: qual é meu lugar no projeto de Deus? Que nossa grande proeza seja atingir o clímax da vontade de Deus e, assim, permitir que o Mestre execute Sua obra. Não tenha medo caso tenha de voltar atrás e rever alguns conceitos em relação aos propósitos de Deus. E, se tiver de renunciar a alguma coisa, vá em frente! Você pode até se decepcionar com coisas ou com pessoas, mas com Deus você jamais se decepcionará. Um dia, nos veremos na grande festa!

Epílogo

Capítulo 1: O chamado

Animemo-nos em nosso espírito quando estamos conectados ao Espírito de Deus para o cumprimento de seus propósitos, pois desde o princípio, na execução de Seu plano universal, pessoas têm sido usadas, e sendo nós participantes dessa elite de servos, nos alegramos, pois servir a Deus é o maior favor imerecido que possamos imaginar.

Capítulo 2: Em busca da recompensa

Os benefícios obtidos quando nos aproximamos de Deus, com fé, serão sempre os melhores. Ao crer, geramos intimidade espiritual e grandes coisas nos são reveladas. Essa intimidade está relacionada ao exercício da fé. Deus é recompensador àqueles que O buscam.

Capítulo 3: O Sábio e o temor

Tonificar o temor no Senhor é compreender a importância do amor e de Suas ações ativas que nos conectam aos desígnios de Deus. Agregado a isso, fomos orgulhosamente feitos com os atributos do próprio Criador. Que ressoe em nosso espírito o privilégio de ser o que somos, assim desfilamos no portal principal da excelência celeste, chamada coração de Deus.

Capítulo 4: Embates emocionais

Observar Deus e atentar que jamais Ele se desestabilizou nos seduz a provar desse benefício ao considerarmos que é possível uma reverberação desse esplêndido atributo divino em nosso interior.

Capítulo 5: O homem no centro do Universo

Somos o que há de melhor no que Deus já criou. Se não fosse assim, Ele não teria razão em nos eleger e nos moldar à Sua perfeita cópia, então nos tornando Seus representantes para que todos possam ver que Deus existe e quem Ele realmente é. Pois, sendo nós a perfeita criação para refletir Sua imagem, é plenamente aceitável considerar que Seus atributos, Suas características e Sua personalidade sejam verdadeiros em nós.

Capítulo 6: Quem sou eu?

A nossa identidade como filhos de Deus revela nossos valores espirituais, que são fundamentais para influenciar a todos que não conhecem Deus e Seu plano de vida. O mundo precisa saber que existe algo tão especial em nós: a vida de Deus.

Capítulo 7: O Senhor das almas

Quando humildemente servimos a Deus, nunca buscamos obter benefícios próprios pelos bons atos praticados. Se desejamos ser bem-vistos aos olhos do Altíssimo, basta que nossos atos sejam agradáveis a Ele. Por outro lado, se em nossos atos focarmos nosso próprio prazer, a soberba será nossa aliada.

Capítulo 8: Olhos de águia

Tudo que gira ao nosso redor tem a tendência de seguir em processo evolutivo para melhor aperfeiçoamento, e isso só terá valor se estiver conectado ao maior potencial de influência que conhecemos: a incrível vida de Jesus Cristo, onde seus ensinos influenciadores jamais serão apagados.

Capítulo 9: Vigilantes do templo

Quando somos designados por Deus para o serviço, está sempre presente a poderosa ação do Espírito em nosso favor, gerando convencimento em nosso espírito, revelando qual é nosso lugar no coração de Deus.

Capítulo 10: O Mestre e a obra

Fomos criados símiles a Deus e somos peças certas para funções corretas. Como Deus projetou tudo, não haverá erro, pois Seus planos são perfeitos. No fim, na consumação de toda obra, a vontade de Deus prevalecerá. No entanto, que nos motivemos no Senhor e ansiemos pela revelação de nosso papel como edificadores.

Compartilhando propósitos e conectando pessoas
Visite nosso site e fique por dentro dos nossos lançamentos:
www.gruponovoseculo.com.br

(f) Editora Ágape
(@) @agape_editora
(y) @editoraagape
(▶) editoraagape

FONTE: Adobe Garamond Pro